기적을 만드는 100일 부모

Meditation 100 days
to create a miracle-Parents

기적을 만드는 100일 부모

Meditation 100 days
to create a miracle - Parents

조성의 지음

베드로서원

보상과 은혜의 원리

시험을 보러가기 하루 전, 그날도 어머니는 아들의 좋은 성적을 빌기 위하여 가까운 기도원에 올라가셨습니다. 그리고 내려오셔서 불안해하는 아들에게 돌멩이 일곱 개를 주시며 성경을 펴게 하셨습니다.

사무엘이 돌을 취하여 미스바와 센 사이에 세워 이르되 여호와께서 여기까지 우리를 도우셨다 하고 그 이름을 에벤에셀이라 하니라 (사무엘상 7:12)

성경을 읽은 후 어머니는 이렇게 말씀하셨습니다.

"이것은 에벤에셀의 돌인데 '하나님이 여기까지 나를 도우셨다'는 뜻이다. 꼭 기억해라."

하도 힘 있게 말씀하셨기 때문에 에벤에셀이라는 단어가 기억에서 떠나지 않았습니다.

“하나님이 여기까지 나를 도우셨다.”

“하나님이 여기까지 나를 도우셨다.”

그런데 시험을 미치고 구술고사와 면접을 치루기 위하여 교수실에 들어갔을 때 그곳에서 진짜 에벤에셀의 하나님을 경험하게 되었습니다. 교수가 이렇게 물어 보는 것이었습니다.

“학생! 에벤에셀의 뜻이 뭐지?”

정말 놀라운 하나님 아닌가요? 어떻게 그런 기가 막힌 일을 만드신 걸까요? 그때 내가 만난 하나님은 기적을 만드신 하나님이었습니다.

가끔 그때 일이 생각납니다. 그리고 이 모든 일은 어머니의 기도가 있었기에 가능했다고 생각합니다. 하나님이 주신 기적의 열매는 내 어머니의 간절한 기도로 맺혀질 수 있었습니다.

여러분의 자녀에게도 기적이 필요한가요? 그렇다면 자녀를 위해 기도하세요. 하나님의 말씀대로 살아 보세요. 자녀를 행복하게 하는 기적은 여러분의 기도로 만들어집니다.

　세상은 두 가지의 원리로 움직이고 있습니다. 하나는 보상의 원리입니다. 보상의 원리란 내가 수고하여 얻는 것을 말합니다. 100만큼 수고했으면 100만큼 얻는 것입니다. 그런데 이렇게 수고하여 얻은 것으로는 도저히 눈앞에 닥친 문제를 뚫고 지나갈 수 없을 때가 생깁니다. 여러분의 자녀가 그런 상황일 것입니다. 사람의 수고와 노력으로 얻은 그것, 보상의 원리에 따라 얻은 그것으로는 해결이 안 되는 상황에 놓여 있을 지도 모릅니다. 그때 무엇이 필요할까요?

　이제 두 번째 원리에 눈을 돌리셔야 합니다. 그것을 은혜의 원리라고 합니다. 은혜란 내가 수고하지 않았음에도 불구하고 거저 주시는 것을 말합니다. 구원과 같은 것입니다. 내 노력으로는 도저히 받을 수 없는 그것을 얻는 것이 은혜입니다. 사람들은 이것은 행운이라고도 하고, 기적이라고도 합니다. 그래서 기적은 사람의 영역이 아닌 하나님의 영역입니다. 그리고 하나님은 은혜를 사모하는 자에게 기적을 주시겠다고 약속하셨습니다.

100일 동안 기적을 만드는 하나님의 말씀을 되새기면서 하나님의 기적을 경험하시기 바랍니다. 기적은 아무리해도 내 능력으로 어찌할 수 없는 그것을 하나님의 능력으로 가능케 하는 것입니다. 보상의 원리에 의하여 열심히 노력하고, 은혜의 원리에 의하여 기적을 사모할 때 100일 후 여러분과 여러분의 자녀는 기적의 기쁨을 누리게 될 것입니다.

기적을 기대하고 기도하는
조 성 의 목사

C O N T E N T S

기적을 만드는 100일
부모는 이렇게 사용하세요

분주한 아침은 여러분의 하루 전체를 분주하게 하며, 하나님을 기억하지 못하게 할 것입니다. 그래서 분주함은 '악한 것이 아니라 악 그 자체'라고 할 만합니다. 절대로 분주한 아침을 만들지 마세요. 기적을 만들고 싶다면 기적의 하나님과 아침을 시작하세요. 많은 시간이 필요한 것도 아닙니다. 10분이면 됩니다. 10분의 여유가 여러분의 인생을 기적으로 채웁니다.

먼저 이렇게 기도하세요.

"하나님! 제가 하나님의 말씀대로 살고자 합니다. 오늘 읽는 말씀대로 살게 하시고 그렇게 살았던 사람들이 만든 기적이 내 것이 되게 하여 주십시오."

그 다음에는 해당되는 날의 말씀을 네 번 읽으세요. 길지 않기 때문에 오래 걸리지 않습니다. 네 번을 읽는 동안 하나님의 은혜가 임할 것입니다.

말씀을 읽고 난후 여러분의 믿음을 담아 기적을 만드는 고백을 하나님께 드리세요. 기적의 고백을 하는 동안 책 안에 담긴 고백은 실제로 여러분의 고백이 될 것입니다.

믿음의 고백을 하신 후 기도문을 따라 읽으세요. 그리고 아멘을 힘주어 고백하세요. 아멘은 "예. 그렇게 되기를 원합니다."라는 자기 고백입니다. 여러분이 '아멘' 하면 분명히 그렇게 됩니다.

마지막으로 기적을 만드는 선포를 자녀에게 들려주세요. 반드시 그렇게 될 것이라고 믿고 들려주세요. 그러면 기적을 만드는 하루 묵상을 다 하신 겁니다.

기적을 만드는 하루 묵상을 다 마치셨으면 이제 힘차게 하루의 삶을 시작하세요.

하나님은 반드시 여러분 그리고 여러분의 자녀와 함께하십니다.

기적을 시작하는 기도

기적의 주인이신 하나님 아버지!

내 자녀를 기적의 주인공 되게 하시니 감사합니다.

내 자녀가 믿음과 소망을 기억하게 하시고

인내하는 중에 하나님만이 주시는 기적을

경험하게 되기를 소원합니다.

사랑하는 내 자녀가

더 높은 비전을 성취하기 위하여

이 시험을 두려워하지 않고

하나님이 주시는 기회로 인정하며

반드시 기적의 주인공이 되도록 축복해 주십시오.

남은 100일 동안 믿음을 증명하는 자녀가 되도록 도와주십시오.

남은 100일이 성실로 채워지도록 인도해 주십시오.

그러나 자기 열심만으로 살지 않게 하시고

하나님의 은혜를 사모하는 경건함을 허락해 주십시오.

100일 후,
하나님께서 내 자녀를 기적의 주인공으로 만드시고
내 자녀를 통해 영광 받으실 줄 믿습니다.
이 놀라운 일을 행하실 하나님을 찬양합니다.
예수님의 이름으로 감사하며 기도드립니다.
아멘.

D-day
100

FAITH...

Part 01

믿음

Meditation 100 days to create a miracle-Parents

D-day (100~94)

기적은 내가 만드는 것이 아니다. 나는 다만 노력할 뿐이고, 결과는 오직 하나님이 허락하실 때 얻을 수 있다. 기적은 사람이 아닌 하나님의 영역이다. 그러나 나는 믿는다. 기적의 하나님이 내 아버지라는 것을 믿는다. 그래서 나는 오늘도 기적을 소망한다.

인생을 살아가는 두 가지 방법은 아무것도 기적이 아닌 것처럼, 혹은 모든 것이 기적인 것처럼 살아가는 것이다.

- 알버트 아인슈타인 -

| 기적을 만드는 말씀 |

너의 행사를 여호와께 맡기라 그리하면 네가 경영하는 것이 이루어지리라 - (잠언 16:3)

| 기적을 만드는 기도 |

여기까지 내 자녀를 인도해 주신 하나님 아버지, 하나님의 크신 은혜를 찬송합니다. 믿음 없어 두려워하던 귀신 들린 아이의 아버지에게 "할 수 있거든이 무슨 말이냐 믿는 자에게는 능히 하지 못할 일이 없느니라." 말씀하셨던 예수님 앞에 연약한 심령으로 저 역시 서 있습니다. 주님, 나의 믿음 없음을 도와주소서. 내 행사를 하나님께 맡길 수 있는 담력을 허락해 주소서. 예수님의 이름으로 기도합니다. 아멘.

| 기적을 만드는 선포 |

내 사랑하는 아이야, 믿음은 불가능한 것을 가능하게 하는 동력이란다. 우리는 믿음으로 기적의 첫 날을 시작했어. 절대 두려워하지 말자. 믿음으로 하나님이 하실 일을 지켜보자. 너는 반드시 잘될 거야. 너의 삶에 기적이 일어날 거야. 기적의 하나님은 바로 너의 하나님이란다. 기적의 하나님이 너에게 큰 기쁨을 주신 것을 축하해! 넌 잘될 거야. 사랑한다. 축복한다. 내 아이야.

믿음의 눈으로 보기

똑같이 보고 있는데 어떤 사람에게는 보이고 어떤 사람에게는 보이지 않는다. 믿음의 눈으로 보는가, 불신의 눈으로 보는가에 따라 같은 것을 봐도 다르게 보인다. 믿음의 눈으로 보는 사람은 불안해하지 않는다. 두려워하는 이유는 보여야 할 것이 보이지 않기 때문이다.

자신이 하는 일에 믿음을 가져라. 옳다고 확신하는 그 일을 실행할 힘이 있을까 주저 말고 앞으로 나아가라.

- 요한 볼프강 폰 괴테 -

| 기적을 만드는 말씀 |

믿음은 바라는 것들의 실상이요 보이지 않는 것들의 증거니 선진들이 이로써 증거를 얻었느니라 - (히브리서 11:1-2)

| 기적을 만드는 기도 |

믿음의 사람을 찾으시는 하나님 아버지, 불신은 아무것도 남길 수 없음을 고백합니다. 하나님께 내 믿음을 보일 수 있는 용기를 주시옵소서. 내 믿음이 말에 머물지 않게 하소서. 행동으로 나의 믿음이 세상에 증명되게 하소서. 가장 먼저 내 자녀가 내 믿음을 확인할 수 있도록 나의 말, 행동이 하나님을 향한 믿음으로 가득하게 하소서. 나의 모든 것이신 주님을 찬양합니다. 예수님의 이름으로 기도합니다. 아멘.

| 기적을 만드는 선포 |

내 사랑하는 아이야, 아빠, 엄마는 믿음으로 살기로 결정했단다. 그리고 그 믿음의 눈으로 너를 바라보니 너에게 하나님이 베풀어 주신 은혜가 무척 크고 놀라움을 발견했단다. 너는 반드시 잘될 거야. 너의 삶에 믿음의 열매가 나타날 거야. 하나님은 바로 너의 하나님이란다. 믿음의 열매로 채워진 너의 삶을 축하해! 넌 잘될 거야. 사랑한다. 축복한다. 내 아이야.

붙드시는 하나님의 손길을 느껴라

눈에 보이는 것만 믿는 것은 참 믿음이 아니다. 믿음은 눈에 보이지 않는 것을 믿는 것이다. 육체가 느끼는 고통은 때때로 나의 영혼을 속인다. 하지만 고통 중에도 믿어야 한다. 하나님은 절대 나를 버리지 않는다는 사실을. 하나님은 지금도 나의 손을 꼭 잡고 있다.

땅 밑에는 하나님과 악마가 함께 있었다. 그때 나는 하나님의 손을 잡았고 구조될 것을 확신했다.
- 칠레 광산 사고 현장에서 구조되었던 마리오 세풀베다 -

| 기적을 만드는 말씀 |

여호와께서 사람의 걸음을 정하시고 그의 길을 기뻐하시나니 그는 넘어지나 아주 엎드러지지 아니함은 여호와께서 그의 손으로 붙드심이로다 - (시편 37:23-24)

| 기적을 만드는 기도 |

내 마음이 무너질 때 나와 함께하시는 하나님 아버지, 때로는 내 곁에 아무도 없는 것 같습니다. 지쳐버린 내 마음을 누구에게 말할 수도 없습니다. 하지만 그때도 나는 믿습니다. 하나님은 항상 나를 지켜보고 계시다는 것을 나는 믿습니다. 혹 내가 넘어질 것 같으면 큰 팔을 펴시고 나를 안아 주십니다. 그리고 내 품에 쉬라고 말씀해 주십니다. 주님 때문에 내 마음이 쉼을 얻습니다. 내 하나님, 사랑합니다. 예수님의 이름으로 기도합니다. 아멘.

| 기적을 만드는 선포 |

내 사랑하는 아이야, 아빠, 엄마도 때로는 쓰러진단다. 강한 척 하지만 마음으로는 몇 번이나 넘어졌단다. 지쳤니? 고단하지? 그럴 수도 있어. 하지만 이것만은 잊지 말아라. 어떤 순간에도 하나님은 네 곁을 떠나시지 않는다는 것을 기억하렴. 그리고 너를 위해 기도하는 아빠, 엄마도 너의 곁에 있단다. 너를 위해 항상 기도하고 있단다. 힘을 내렴. 넌 잘될 거야. 사랑한다. 축복한다. 내 아이야.

생각을 바꾸면 세상이 바뀐다

무엇을 보느냐가 중요한 것이 아니다. 진짜 중요한 것은 어떻게 보느냐다. 사건이 중요한 것이 아니다. 사건을 대하는 태도가 중요하다. 내가 어떤 생각을 하고, 어떤 태도를 취하느냐에 따라 결과는 완전히 달라진다. 생각과 태도를 바꾸면 새로운 세상이 펼쳐진다.

행복해지고 싶다면 낙관주의자가 되라. 낙관주의자가 되고 싶다면 언어 습관을 바꾸라.

- 마틴 셀리그만 -

| 기적을 만드는 말씀 |

하나님의 약속은 얼마든지 그리스도 안에서 예가 되니 그런즉 그로 말미암아 우리가 아멘 하여 하나님께 영광을 돌리게 되느니라

- (고린도후서 1:20)

| 기적을 만드는 기도 |

긍정을 기뻐하시는 하나님 아버지, 내 눈앞에 펼쳐지는 모든 환경의 주인은 하나님이기 때문에 내가 긍정하면 긍정이 찾아온다는 사실을 깨달았습니다. 그래서 저는 결정했습니다. 어떤 일을 만나도 긍정하기로 결정했습니다. 혹시 내가 환경에 눌려 긍정을 내 손에서 놓으려고 한다면 성령으로 깨닫게 하여 주소서. 내가 하나님께 "예! 하나님"이라고 외치면 하나님이 그대로 행해 주신다는 사실을 잊지 않게 하소서. 저는 긍정의 하나님을 찬양합니다. 예수님의 이름으로 기도합니다. 아멘.

| 기적을 만드는 선포 |

내 사랑하는 아이야, 아빠, 엄마는 모든 상황에 긍정하기로 결정했단다. 네 성적표에 따라 기분이 좌우되는 아빠, 엄마가 아니라 하나님을 믿고 모든 일에 긍정으로 맞서는 부모가 되기로 결정했단다. 사랑하는 아이야. 네가 아무리 힘들어도 긍정의 사람이 되기를 기도할게. 그래서 모든 환경을 이기고 너의 꿈을 이루도록 도울 거야. 넌 잘될 거야. 사랑한다. 축복한다. 내 아이야.

나의 모든 것은 하나님께 맡긴다

문제를 뛰어넘는 방법은 간단하다. 하나님께 맡기는 것이다. 머리 싸매고 고민해서 해결될 일이라면 그렇게 하라. 그게 아니라면 붙들고 고민하지 말라. 하나님께 모든 문제를 맡기라. 맡기면 우선 마음에 평안이 찾아오고, 어느 순간 문제가 사라졌음을 발견하게 될 것이다.

행복한 인생을 얻고 싶다면 지나간 일에 얽매이지 말라. 미래는 하나님에게 맡기라. 사소한 일 따위는 무시하라.

- 요한 볼프강 폰 괴테 -

| 기적을 만드는 말씀 |

네 짐을 여호와께 맡기라 그가 너를 붙드시고 의인의 요동함을 영원히 허락하지 아니하시리로다 - (시편 55:22)

┤ 기적을 만드는 기도 ├

내 짐을 대신 짊어지시는 하나님 아버지, 하나님이 죽은 것처럼 낙심했던 저의 죄를 회개합니다. 앞으로는 어떤 상황에서도 하나님이 나와 함께하심을 잊지 않겠습니다. 그리고 그것을 내 자녀에게 가르치겠습니다. 기적은 우연이 아닙니다. 기적은 믿음의 결과입니다. 어떤 상황에서도 하나님이 남아 계셔 나를 지키고 있음을 믿는 것에서 기적은 시작됩니다. 오, 하나님! 이 진리를 깨닫게 하셔서 감사합니다. 이 진리를 알게 하신 하나님을 찬양합니다. 예수님의 이름으로 기도합니다. 아멘.

┤ 기적을 만드는 선포 ├

내 사랑하는 아이야, 눈앞에 있는 현실에 지쳐 버린 너를 보니 아빠, 엄마도 안타까움에 눈물이 맺힌다. 하지만 힘을 내야 한다. 잠시 주저앉았다가 툭툭 털고 일어나야 해. 아빠, 엄마도 때로는 막막할 때가 있단다. 다 떠나간 것 같아. 그런데 다 떠나도 언제나 조용히 내 곁을 지키시는 분이 있단다. 내 하나님이란다. 느껴보렴. 네 곁에도 계신단다. 너를 물끄러미 바라보고 계신단다. 그리고 귓가에 인자한 음성으로 "애야! 이제 그만 일어나야지."격려 하신단다. 그 하나님이 너의 하나님이야. 넌 잘될 거야. 사랑한다. 축복한다. 내 아이야.

주님 한 분이면 충분합니다

나는 어떤 기도를 하고 있는가? 나의 기도는 언제나 '해 주소서'의 기도는 아닐까? 하나님 한 분이면 충분한데 주님으로 만족하지 못하는 인생, 그게 나의 모습은 아닐까? 하나님 한 분으로 충분하다고 고백할 때 하나님이 얼마나 기뻐하실지를 생각하니 한없이 부끄럽다.

모든 일의 출발은 감사하는 마음에서 시작한다.

- 히구치 히로타로 -

| 기적을 만드는 말씀 |

여호와는 나의 목자시니 내게 부족함이 없으리로다 그가 나를 푸른 풀밭에 누이시며 쉴 만한 물가로 인도하시는도다 - (시편 23:1-2)

| 기적을 만드는 기도 |

내게 충분하신 하나님 아버지, 하나님이 계신다는 것만으로 만족합니다. 무화과나무가 무성하지 못해도 감사합니다. 포도나무에 열매가 없으며 감람나무에 소출이 없어도 주님만 있다면 충분합니다. 밭에 먹을 것 없으며 우리에 양이 없으며 외양간에 소가 없을지라도 목자이신 하나님으로 말미암아 즐거워합니다. 하나님이 내 목자시니 그거면 됩니다. 다른 것은 필요 없습니다. 오직 하나님 한 분이면 됩니다. 구원의 기쁨을 주신 내 하나님, 찬양합니다. 예수님의 이름으로 기도합니다. 아멘.

| 기적을 만드는 선포 |

내 사랑하는 아이야, 많이 힘들지? 때로는 홀로 길을 걷는 것처럼 외롭기도 할 거야. 하지만 네 감정과 관계없이 하나님은 항상 너와 함께하신단다. 자신의 생명을 걸고 양을 지키는 목자처럼 너를 떠나지 않으신단다. 하나님이면 충분하다는 너의 고백을 들으시도록 하나님은 언제나 너와 함께하실 거야. 내 아이야. 아빠, 엄마처럼 하나님 한 분만으로 기뻐하기를 바란다. 이 시험을 끝낼 때 함께하신 하나님 한 분으로 충분했다고 고백하는 너를 우리도 보고 싶구나. 넌 잘될 거야. 사랑한다. 축복한다. 내 아이야.

주님 곁에 머무는 기쁨

나는 어디에 머물 때 가장 행복했을까? 나는 누구를 만났을 때 가장 기뻐했을까? 내게 주님을 만나 함께한 시간이 가장 행복한 시간이었을까? 세상 무엇과도 바꿀 수 없는 분이 주님이라면 나는 세상에서 가장 귀한 보물을 알고 있는 사람이다.

하늘에서 요란하게 울리는 천둥소리도 인상적이고 좋기는 하지만 그 소리를 만드는 것은 번개다. 모든 것에는 근원이 있기 마련이다.

- 마크 트웨인 -

| 기적을 만드는 말씀 |

너는 이스라엘 자손에게 말하여 이르기를 너희는 나의 안식일을 지키라 이는 나와 너희 사이에 너희 대대의 표징이니 나는 너희를 거룩하게 하는 여호와인 줄 너희가 알게 함이라 - (출애굽기 31:13)

| 기적을 만드는 기도 |

내 모든 것의 근원이신 하나님 아버지, 하나님을 나의 근원으로 삼을 수 있는 기쁨을 내게 주시니 감사합니다. 세상이 주는 기쁨, 그것도 나를 기쁘게 합니다. 그러나 주님과 비교할 수 없습니다. 내 아이가 좋은 성적을 거두고, 세상에서 형통하게 되는 것, 그렇게 되기를 바랍니다. 하지만 그것과 주님을 바꿀 수 없습니다. 그 어떤 것도 주님과 바꿀만 한 것은 없습니다. 주님은 나의 모든 것입니다. 내 모든 것 되신 하나님, 찬양합니다. 예수님의 이름으로 기도합니다. 아멘.

| 기적을 만드는 선포 |

내 사랑하는 아이야, 아마도 너의 간절한 소원은 좋은 성적을 거두는 것 일거야. 그런데 아빠, 엄마는 조금 다르단다. 물론 네가 원하는 만큼 좋은 성적 거두기를 원해. 하지만 그것보다 더 큰 소원은 네가 하나님을 더 알기 원해. 인생에서 가장 소중한 보물인 하나님을 더 많이 알게 되기를 원한단다. 그게 너를 가장 행복하게 하는 길이라는 것을 알기에 그 어떤 것보다도 하나님을 더 많이 알아가는 네가 되기를 원해. 넌 잘될 거야. 사랑한다. 축복한다. 내 아이야.

D-day
93

Meditation 100 days
to create a miracle-Parents

HOPE…

Part 02

소망

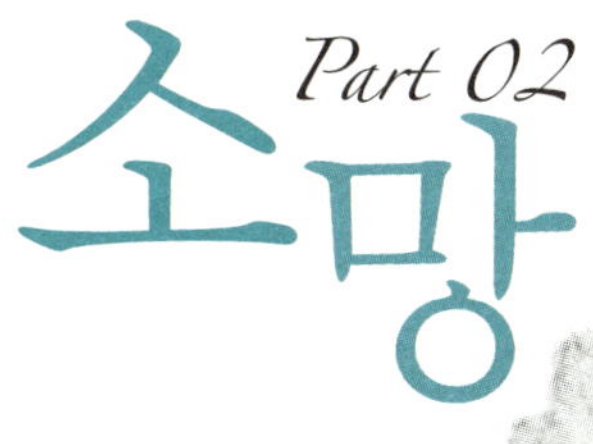

Meditation 100 days
to create a miracle-Parents

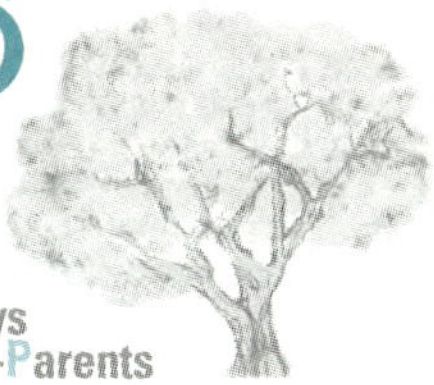

D-day (93~87)

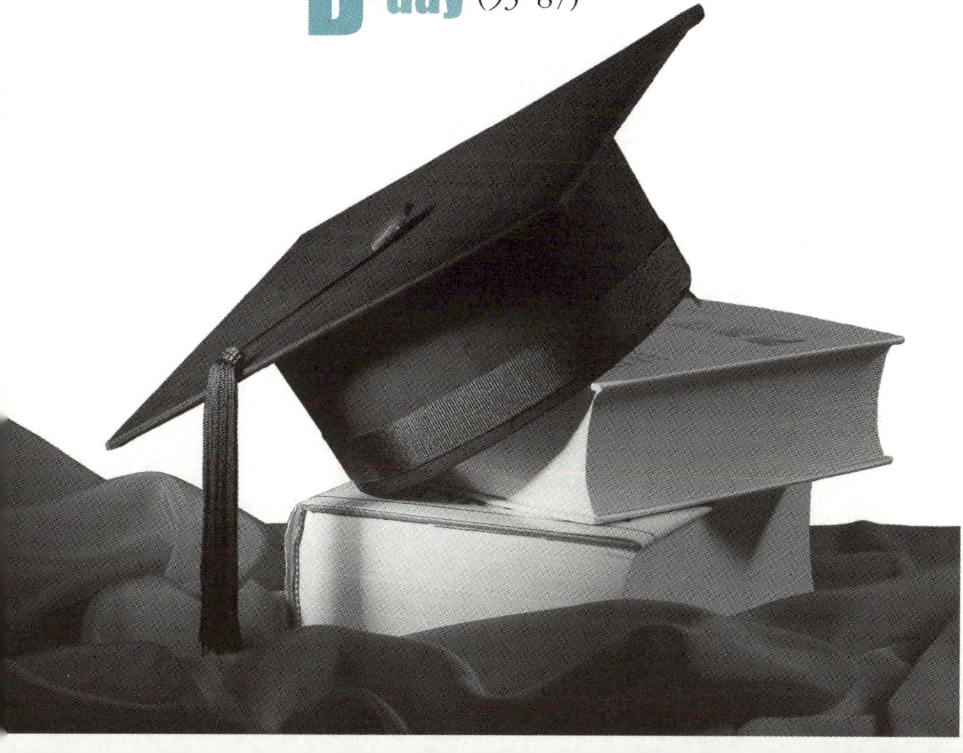

기적은 있다

기적은 내가 할 수 없다고 고백할 때 찾아온다. 내가 할 수 있다고 생각하는 동안에는 노력의 결과가 있을 뿐이다. 하지만 나의 약함을 인정하고 하나님을 바라보면 기적의 주인이신 하나님이 내게 찾아오신다. 하나님이 찾아오는 것에서부터 기적은 시작된다.

할 수 있다고 믿든지, 할 수 없다고 믿든지 그렇게 믿은 당신은 무조건 옳다. 그대로 될 것이기 때문이다.

- 헨리 포드 -

| 기적을 만드는 말씀 |

내 영혼아 네가 어찌하여 낙심하며 어찌하여 내 속에서 불안해 하는가 너는 하나님께 소망을 두라 그가 나타나 도우심으로 말미암아 내가 여전히 찬송하리로다 - (시편 42:5)

| 기적을 만드는 기도 |

내 삶에 날마다 기적을 베푸시는 하나님 아버지, 저는 지금까지 현실만 보며 절망했습니다. 저의 잣대로 하나님의 능력을 제한했습니다. 회개합니다. 그리고 이제부터는 오직 기적의 주인이신 하나님만을 바라보겠습니다. 하나님을 믿고 찬송하겠습니다. 바울과 실라가 찬송으로 옥문을 열었듯 저는 제 마음의 감옥 문을 찬송으로 열겠습니다. 하나님을 찬양합니다. 예수님의 이름으로 기도합니다. 아멘.

| 기적을 만드는 선포 |

내 사랑하는 아이야, 힘든 기간을 보내면서 너도 현실 앞에 주저앉아 있을지도 모르겠구나. 아빠, 엄마도 그러면 안 되는 줄 알면서도 때로는 주저앉아 버린단다. 하지만 그때마다 하나님은 세미한 음성으로 "걱정마라. 내가 할 거야. 힘을 내렴."하고 말씀해 주신단다. 하나님이 지금 너에게도 그렇게 말씀하고 계셔. 귀를 열고 들어보렴. 넌 잘될 거야. 사랑한다. 축복한다. 내 아이야.

기다림은 가장 멋진 투지다

잘못된 결과를 얻는 것은 기다리지 못하기 때문이다. 기다리지 못함은 불안하기 때문이다. 불안한 것은 믿음이 없기 때문이다. 믿음이 없으면 좀 더 나은 내일을 상상할 수 없다. 멋진 내일을 상상하자. 그러기 위하여 오늘은 기다리자. 이를 악물고 참아내자.

하나님이 지체하고 계신 것을 절대 거절이라고 생각하지 말라. 계속하라. 견뎌라. 인내는 재능이다.

— 피에르 사뮈엘 뒤퐁 —

| 기적을 만드는 말씀 |

너희 조상의 하나님 여호와께서 너희를 현재보다 천 배나 많게 하시며 너희에게 허락하신 것과 같이 너희에게 복 주시기를 원하노라 - (신명기 1:11)

| 기적을 만드는 기도 |

언제나 나의 희망이신 하나님 아버지, 기다린다는 것이 나를 지치게 합니다. 내 마음에 '이정도면 됐다'는 생각이 불쑥 떠오릅니다. 하나님의 때를 기다리기보다는 현실에 안주하려는 마음이 나를 멈칫하게 합니다. 하지만 말씀을 통해 그건 하나님의 계획이 아님을 깨닫게 하셨습니다. 내일 밀려올 밀물을 소망하게 하셨습니다. 그 하나님을 찬양합니다. 예수님의 이름으로 기도합니다. 아멘.

| 기적을 만드는 선포 |

내 사랑하는 아이야, 내일의 소망을 바라보는 것이 참 쉬운 일은 아니지? 아빠, 엄마도 내일을 바라보며 오늘을 견뎌낸다는 것이 어렵다는 생각을 한단다. 하지만 이 고난의 터널을 지나고 나면 현재보다 천 배나 좋은 날들이 기다리고 있음을 상상하는 네가 되기를 바란다. 하나님이 주시는 희망으로 새로워지기를 소망한다. 넌 잘될 거야. 사랑한다. 축복한다. 내 아이야.

나에 대하여 가장 잘 아시는 주님. 가장 합당한 때에 가장 완전한 것으로 내게 공급하시는 나의 하나님. 갈급해하는 나에게 인내하도록 격려하시는 주님. 이른 비와 늦은 비로 채워 주시는 주님. 눈에 보이지 않아도 단비를 내려 주시는 주님을 나는 믿지 않을 수 없다.

꿈꾸는 것이 가능하다면 그 꿈을 실현하는 것도 가능하다. 이 모든 것이 작은 생쥐 한 마리 하나로 시작되었다는 것을 기억하라.

― 월트 디즈니 ―

| 기적을 만드는 말씀 |

여호와께서 너희의 땅에 이른 비, 늦은 비를 적당한 때에 내리시리니 너희가 곡식과 포도주와 기름을 얻을 것이요 또 가축을 위하여 들에 풀이 나게 하시리니 네가 먹고 배부를 것이라

― (신명기 11:14-15)

┤ 기적을 만드는 기도 ├

지금도 이른 비와 늦은 비로 나를 만족하게 하시는 하나님 아버지, 내 마음의 조급함이 하나님의 때를 기다리지 못하게 할까 두렵습니다. 하나님은 가장 좋은 때를 기다리고 계시겠지요? 나에게 하나님의 적당한 때를 기다리는 믿음을 주소서. 의심을 버리고 하나님의 때를 기다릴 수 있게 하소서. 내게 완전하신 하나님, 주님을 찬양합니다. 예수님의 이름으로 기도합니다. 아멘.

┤ 기적을 만드는 선포 ├

내 사랑하는 아이야, 마음이 조급하니? 아직 단비를 얻지 못해 두렵니? 아빠, 엄마도 얼른 너의 길에 단비가 내렸으면 좋겠구나. 하지만 우리의 생각대로 비가 내리면 아무런 열매도 얻지 못하게 된단다. 힘들어도 때에 맞게 내려야 좋은 결과를 얻게 된단다. 지루하더라도 가장 좋은 때에 단비를 내려 주실 것을 믿고 기다리자. 넌 잘될 거야. 사랑한다. 축복한다. 내 아이야.

즉시 돕는 하나님의 손길

나는 이 세상 그 누구보다도 소중한 것을 가지고 있다. 하나님의 돕는 손이다. 하나님의 손은 언제 어디서나 도울 준비를 하고 계신다. 나를 향해 내민 하나님의 돕는 손을 내가 잡기만 한다면 나에게 더 이상 두려움은 있을 수 없다.

세상에는 자신이 가지고 있는 것이 얼마나 소중한 축복인지 모르는 사람이 너무 많다.

- 토마스 제퍼슨 -

| 기적을 만드는 말씀 |

바람을 보고 무서워 빠져 가는지라 소리 질러 이르되 주여 나를 구원하소서 하니 예수께서 즉시 손을 내밀어 그를 붙잡으시며 이르시되 믿음이 작은 자여 왜 의심하였느냐 하시고 배에 함께 오르매 바람이 그치는지라 - (마태복음 14:30-32)

| 기적을 만드는 기도 |

언제나 나를 주목하시며, 돕는 손길을 즉시 내미시는 하나님 아버지, 주님이 계셔서 내 마음이 늘 평안합니다. 의심으로 물에 빠진 베드로를 향해 즉시 손을 내미셨던 예수님, 의심 많은 도마에게 찾아와 그 거룩한 흔적까지 보여 주셨던 예수님, 나의 연약함을 책망하지 않고 돕는 손길로 나를 다시 세우시는 하나님이 내 하나님이십니다. 그 주님을 찬양합니다. 예수님의 이름으로 기도합니다. 아멘.

Declaration

| 기적을 만드는 선포 |

내 사랑하는 아이야, 시험을 준비하는 동안 정말 하나님이 나와 함께하실까 의심하게 될 때도 있을 거야. 그런데 하나님은 네가 의심하고 있는 것에 대하여 야단치지 않으신단다. 도리어 의심에 빠진 너를 향해 돕는 손길을 내미신단다. 보지 않고 믿는 신실한 믿음이 자라기를 바라시며 너를 평안하게 하는 웃음을 보여 주신단다. 넌 잘될 거야. 사랑한다. 축복한다. 내 아이야.

하나님은 HAPPY다

하나님이 나를 돕고 있다는 것처럼 즐거운 일은 없다. 생각해 보라. 내 주변에 있는 그 어떤 사람이 하나님처럼 나를 돌봐 줄 수 있을지. 그 생각을 하면 입가에 미소가 스르르 번진다. 어린아이가 아빠와 함께 놀이공원에 온 것처럼 삶이 재미있고, 평안으로 가득해진다.

눈앞에 길이 절로 펼쳐질 것이며, 언제나 순풍만 불어줄 것이며, 얼굴에는 따뜻한 햇볕이 내리쬐어 줄 것이며, 보슬비가 촉촉이 적셔 줄 것이며, 우리가 다시 만나는 날까지 하나님이 그대를 보살펴 줄 것입니다.

- 아일랜드 교회의 축도 -

| 기적을 만드는 말씀 |

우리가 알거니와 하나님을 사랑하는 자 곧 그의 뜻대로 부르심을 입은 자들에게는 모든 것이 합력하여 선을 이루느니라

- (로마서 8:28)

| 기적을 만드는 기도 |

화가 변하여 복이 되게 하시는 하나님 아버지, 현실이 나를 실망시켜도 시간이 지나가면 그것이 나의 기쁨의 시작될 것을 믿습니다. 내가 실망하지 않는다면 하나님이 계획하신 일을 오래 기다리지 않고 보게 될 것입니다. 나를 돕는 주님. 나의 모든 것이 합하여 선하신 하나님의 축복으로 이어짐을 보게 하소서. 나의 하나님을 찬양합니다. 예수님의 이름으로 기도합니다. 아멘.

| 기적을 만드는 선포 |

내 사랑하는 아이야, 너를 향한 하나님의 놀라운 계획에 아빠, 엄마는 언제나 감탄한단다. 너를 위해 기도할 때마다 하나님은 아빠, 엄마의 마음에 스며든 의심을 제거하시고, 너를 위해 예비하신 형통의 대로를 보게 해 주시는구나. 너의 하루하루가 합쳐져 선하게 되는 것을 느끼도록 하나님이 인도하신단다. 믿음으로 함께 기도하자. 넌 잘될 거야. 사랑한다. 축복한다. 내 아이야.

희망을 품고 사는 사람처럼 행복한 사람은 없다. 희망은 현실을 이기게 하는 능력이다. 하나님은 내 희망이고, 희망이신 하나님은 나의 눈을 벗어나지 않는다. 희망이신 하나님은 항상 나의 시선을 따라 움직이신다. 그래서 나는 언제나 희망을 볼 수밖에 없다.

잠들기 전 단 5분이라도 내일 무엇을 이룰 수 있을지 상상하라. 그러면 언젠가 좋은 결과를 얻을 수 있게 된다.

- 프레드릭 피어스 -

| 기적을 만드는 말씀 |

여호와의 말씀이니라 너희를 향한 나의 생각을 내가 아나니 평안이요, 재앙이 아니니라 너희에게 미래와 희망을 주는 것이니라

- (예레미야 29:11)

| 기적을 만드는 기도 |

고난이 거인을 만든다고 말씀하시는 하나님 아버지, 고난이 찾아올 때마다 불평하고 외면하려 했던 나의 약함을 회개합니다. 고난 앞에 서는 것을 두려워했던 나에게 미래와 희망의 메시지를 주셔서 감사합니다. 내 자녀에게 나를 거인으로 만들어 가시는 하나님을 선포하겠습니다. 내 자녀도 나를 보며 거인의 꿈을 키우도록 기도하겠습니다. 내 모든 꿈의 근원이신 하나님을 찬양합니다. 예수님의 이름으로 기도합니다. 아멘.

| 기적을 만드는 선포 |

내 사랑하는 아이야, 지금 이 시간들은 미래와 희망을 단련하는 용광로란다. 네가 이 고난을 외면하면 아무것도 얻지 못하게 될 거야. 하지만 이 고난에 맞서 너를 단련한다면 미래와 희망이 찾아올 거야. 그리고 너는 마침내 거인이 될 수 있단다. 아빠, 엄마는 네가 고난의 길에서 거인으로 자라도록 기도할 거야. 넌 잘될 거야. 사랑한다. 축복한다. 내 아이야.

격려가 희망을 만든다

내 격려는 아이에게 희망이다. 내 아이는 아침마다 버거운 짐을 짊어지고 나를 쳐다보고 있다. 그때 내가 보내는 눈길은 내 아이에게 힘을 주기도 하고 기운을 빼기도 한다. 나의 격려의 말 한마디가 내 아이를 희망의 사람으로 바꾼다.

"난 할 수 있어!" 이 말은 엄청난 힘을 가지고 있다. 그래 나는 할 수 있다. 반드시 할 수 있다.

- 오그 만디노 -

| 기적을 만드는 말씀 |

모든 사람의 눈이 주를 앙망하오니 주는 때를 따라 그들에게 먹을 것을 주시며 손을 펴사 모든 생물의 소원을 만족하게 하시나이다

- (시편 145:15-16)

Prayer
| 기적을 만드는 기도 |

내 위로가 되는 가족을 허락하신 하나님 아버지, 힘들 때마다 내 자녀를 떠올리고 위로를 받게 하소서. 내 자녀의 멋진 미래를 떠올리도록 내게 행복한 상상력을 주시옵소서. 내 자녀에게 축복할 수 있도록 내게 믿음을 더해 주소서. 오늘 내 자녀를 향해 하나님이 내게 주신 믿음을 들려주겠습니다. 내 아이 역시 포기하고 싶을 때 나를 떠올리도록, 그래서 승리하도록 내 마음을 알려 주겠습니다. 내 진실한 가족 되신 하나님 아버지를 찬양합니다. 예수님의 이름으로 기도합니다. 아멘.

Declaration
| 기적을 만드는 선포 |

내 사랑하는 아이야, 아빠, 엄마는 항상 너의 미래를 떠올린단다. 그러면 세상을 깜짝 놀라게 하는 너의 미래가 아빠, 엄마의 눈앞에 펼쳐지고는 해. 너는 최고가 될 거야. 아빠, 엄마는 믿는다. 네가 큰일을 행하고 반드시 승리를 거둘 것이라고 믿는다. 힘들 때마다 너를 위해 기도하는 아빠, 엄마를 기억하렴. 넌 잘될 거야. 사랑한다. 축복한다. 내 아이야.

D-day
86
Meditation 100 days
to create a miracle-Parents

COURAGE...

Part 03

용기

내 힘의 근원이신 나의 하나님

모든 것은 태도다. 똑같은 사건을 만나도 태도가 불만족이면 결과도 불만족이다. 하지만 태도가 만족이면 따라오는 결과도 만족이다. 만족의 조건은 원래 없었다. 내가 만들어 가는 것이다. 내 힘의 근원이신 하나님을 믿고 그냥 그 길을 가는 것이다.

과학자들은 인간이 9m 이상 멀리 뛰는 것이 불가능하다고 주장했다. 우리는 그런 말도 안 되는 주장에 발목이 잡혔을 뿐이다.

- 칼 루이스 -

| 기적을 만드는 말씀 |

오직 여호와를 앙망하는 자는 새 힘을 얻으리니 독수리가 날개치며 올라감 같을 것이요 달음박질하여도 곤비치 아니하겠고 피곤치 아니하리로다 - (이사야 40:31)

| 기적을 만드는 기도 |

언제나 나를 만족하게 하시는 하나님 아버지, 나의 마음이 잠시라도 하나님을 떠나 있으면 내 눈에 보이는 모든 것이 나를 불만족하게 합니다. 마귀는 어떻게든지 내 입술에 불평의 말을 넣어 주려고 합니다. 그러나 나는 결정했습니다. 내가 곤비할 때 독수리의 날개를 달아 주실 하나님을 불만족한 상황에서 발견하겠습니다. 내 힘의 근원이신 주님을 찬양합니다. 예수님의 이름으로 기도합니다. 아멘.

| 기적을 만드는 선포 |

내 사랑하는 아이야, 너의 미래를 결정짓는 것은 네 앞에 놓인 장애물이 아니란다. 기억력의 부족? IQ 부족? 다 아니야. 너의 미래는 눈에 보이는 것에 의하여 결정되는 것이 아니란다. 네 미래는 하나님이 결정하셔. 네가 열심히 날려고 한다면 하나님이 너에게 날개를 달아 주실 거란다. 독수리 날개로 멋지게 날아오르는 너를 아빠, 엄마는 응원할 거야. 넌 잘될 거야. 사랑한다. 축복한다. 내 아이야.

하나님에 대한 믿음이 분명하지 않은 채 성공의 욕구를 품으면 세상이 던져 주는 부스러기에 마음을 빼앗긴다. 일단 마음을 빼앗기면 거기에 몰입되어 다시 돌아오기가 어렵다. 부스러기에 눈길도 주지마라. 하나님을 믿고 뜻을 정하라. 그러면 누구를 만나도 겁날 게 없다.

불가능하다고 생각되던 일이 이루어졌다고 상상해 보라. 그 다음에는 당신의 이성이 개입하려고 할 것이다. 그걸 차단 시켜라. 끝까지 상상을 멈추지 말라.

- 조셉 머피 -

| 기적을 만드는 말씀 |

다니엘은 뜻을 정하여 왕의 음식과 그가 마시는 포도주로 자기를 더럽히지 아니하리라 하고 자기를 더럽히지 아니하도록 환관장에게 구하니 하나님이 다니엘로 하여금 환관장에게 은혜와 긍휼을 얻게 하신지라 - (다니엘 1:8-9)

| 기적을 만드는 기도 |

어떤 상황에서도 내게 은혜와 긍휼을 주시는 하나님 아버지, 누구라도 그러하듯이 저도 성공하고 싶습니다. 하지만 성공과 하나님 둘 중 하나를 선택해야 한다면 저는 하나님을 택하겠습니다. 하나님께 뜻을 정하겠습니다. 비록 그것이 나에게 실패를 준다고 해도 그렇게 하겠습니다. 그러나 내가 확실히 아는 건 하나님께 뜻을 정하고 지금까지 실패한 사람은 단 한 번도 보지 못했다는 것입니다. 그래서 감사합니다. 그리고 찬양합니다. 예수님의 이름으로 기도합니다. 아멘.

| 기적을 만드는 선포 |

내 사랑하는 아이야, 성공하고 싶니? 좋은 성적을 거두고 싶지? 그렇다면 너는 반드시 하나님께 뜻을 정해야 한단다. 하나님의 길이 사람의 눈에는 좁아 보여도 그 길을 걸어가는 사람만이 형통의 대로를 만나게 된다는 사실을 잊어서는 안 된다. 네가 하나님께 뜻을 정하면 하나님은 모든 것을 사용해서 네 길을 넓히실 거야. 넌 잘될 거야. 사랑한다. 축복한다. 내 아이야.

나를 돕는 의로운 오른손

하나님이 나를 돕고 있다. 나의 두 어깨를 꽉 잡고 있다. 내가 흔들리지 않게 붙들고 계신다. 내 뒤에서 나를 지탱해 주시는 크고 용감한 손이다. 나는 볼 수 없다. 하지만 나를 보고 있는 사람은 나의 뒤에 서 있는 용맹하신 내 주님을 보고 놀란다.

당신은 단 한 가지를 완전하게 다스릴 수 있는데 그것은 바로 당신 자신의 생각이다.

- 나폴레온 힐 -

| 기적을 만드는 말씀 |

두려워하지 말라 내가 너와 함께 함이라 놀라지 말라 나는 네 하나님이 됨이라 내가 너를 굳세게 하리라 참으로 너를 도와주리라 참으로 나의 의로운 오른손으로 너를 붙들리라 - (이사야 41:10)

| 기적을 만드는 기도 |

나의 빽이 되신 하나님 아버지, 언제나 나를 지키는 의로운 오른손이 되어주신 주님을 생각하면 눈물이 납니다. 어떤 순간에도 나를 놓지 않으시는 주님 때문에 감격합니다. 강하고 크신 오른손의 하나님 때문에 세상 사람들은 저에게 '도대체 너의 빽이 누구냐?'고 말합니다. 내 뒤에 계신 하나님을 보고 두려워합니다. 그 주님과 함께 인생의 길을 걸어간다는 것이 저를 언제나 행복하게 합니다. 내 주님, 감사합니다. 그리고 찬양합니다. 예수님의 이름으로 기도합니다. 아멘.

| 기적을 만드는 선포 |

내 사랑하는 아이야, 힘들 때마다 언제나 너를 붙들고 있는 따뜻한 주님의 손길을 느껴 보렴. 너를 두렵게 하는 모든 것보다 더 크신 하나님이 네 양쪽 어깨에 손을 올리고 계셔. 너에게 힘을 실어 주시는 거야. 너에게는 가장 평안한 얼굴로, 너를 두렵게 하려는 모든 것들에게는 크신 위엄으로 대하신단다. 너를 무척이나 사랑하시기 때문이란다. 문제를 만나 두려울 때 의로운 오른손으로 너와 함께하시는 하나님을 느끼렴. 넌 잘될 거야. 사랑한다. 축복한다. 내 아이야.

주님은 나를 낭떠러지 끝으로 몰고 가셨다. 그리고 뛰어내리라고 말씀하셨다. 몰려오는 두려움이 나의 발걸음을 멈칫하게 했지만 할 수 있다며 내 등을 툭 치시는 주님에게서 용기를 얻고 아래로 뛰어내렸다. 아! 하늘을 나는 이 상쾌함이란. 이게 하나님의 선물인가 보다.

절벽 끝에 섰다. 너무나 두려웠다. 하지만 그분은 깊이를 알 수 없는 절벽 아래로 나를 밀어버렸다. 그리고 나는 마침내 하늘을 날게 되었다.

- 기욤 아폴리네르 -

| 기적을 만드는 말씀 |

좋은 것으로 네 소원을 만족하게 하사 네 청춘을 독수리 같이 새롭게 하시는도다 - (시편 103:5)

| 기적을 만드는 기도 |

나의 날개가 되신 하나님 아버지, 어려운 장애물을 만날 때 두려워 떨었던 저를 용서해 주소서. 하나님이 나의 모든 힘의 원천이신데 내 믿음 없음으로 하나님을 하나님 되게 하지 못하였습니다. 그러나 저는 결정했습니다. 이제부터 하나님을 나의 에너지 근원으로 인정합니다. 그리고 당당하게 세상을 살겠습니다. 내 자녀에게도 힘의 근원이신 하나님을 증거하겠습니다. 나의 모든 것이신 하나님을 찬양합니다. 예수님의 이름으로 기도합니다. 아멘.

| 기적을 만드는 선포 |

내 사랑하는 아이야, 능력의 근원이신 하나님을 만났을 때가 지금도 생생하구나. 두려움의 터널에서 주저하던 나를 부르던 주님의 음성을 듣던 날, 얼마나 기뻤는지 모른단다. 하나님이 너에게도 네 소원을 만족하게 하시며, 힘을 주사 독수리처럼 날게 하실 것이라고 믿는다. 네가 구하기만 한다면 하나님을 꼭 그렇게 하신단다. 넌 잘될 거야. 사랑한다. 축복한다. 내 아이야.

주님의 평안 그 누구도 빼앗을 수 없네

이 땅에 오직 주밖에 없네. 그 무엇도 나를 채울 수 없네. 주님의 평안 내 안에 있네. 그 누구도 빼앗을 수 없네. 눈앞이 캄캄해도 주님을 바라볼 수 있어 다행이다. 그리고 내 주님께 그 무엇도, 그 누구도 나를 채울 수 없다고 고백할 수 있어 정말 다행이다.

걱정은 흔들의자와 같다. 남기는 것도 없이 부산하게만 한다.
- 윌 로저스 -

| 기적을 만드는 말씀 |

지금은 너희가 근심하나 내가 다시 너희를 보리니 너희 마음이 기쁠 것이요 너희 기쁨을 빼앗을 자가 없으리라 - (요한복음 16:22)

| 기적을 만드는 기도 |

고난 중에도 나에게 용기를 주시는 하나님 아버지, 하나님이 나와 함께하시겠다는 말씀에서 큰 용기가 솟아납니다. 주님의 말씀이 내 마음에 들어와 내게 믿음의 고백을 하게 합니다. 하나님 외에는 그 무엇도 나를 채우지 못합니다. 하나님이 주시는 평안은 그 누구도 빼앗을 수 없습니다. 나의 주님, 사랑합니다. 예수님의 이름으로 기도합니다. 아멘.

| 기적을 만드는 선포 |

내 사랑하는 아이야, 하나님은 너에게 세상 그 무엇으로도 채울 수 없는 평안과 기쁨을 주시는 분이란다. 아빠, 엄마가 기도하면 그런 확신을 주셔. 너를 얼마나 기뻐하시는지 모른단다. 네가 큰일을 행하고 반드시 승리할 것이라고 말씀하신단다. 힘들 때마다 너에게 세상 그 누구도 빼앗을 수 없는 기쁨을 주시는 하나님을 떠올려 보렴. 넌 잘될 거야. 사랑한다. 축복한다. 내 아이야.

아무리 어두워도 친구와 함께 있다면 두렵지 않다. 나를 두렵게 하는 것들을 만나도 친구의 손을 잡을 수 있다면 위로가 된다. 혹 내가 쓰러지면 친구는 나를 일으켜 세워 줄 것이다. 만약 그 친구가 내 주님이라면 그 어떤 것도 문제 될 것은 전혀 없다.

당신은 하나님의 자손이다. 하나님의 놀라우신 사랑으로 눈부신 빛 속에서 당신이 창조되었다.

- 마리앤 윌리엄슨 -

| 기적을 만드는 말씀 |

내가 네게 명령한 것이 아니냐 강하고 담대하라 두려워하지 말며 놀라지 말라 네가 어디로 가든지 네 하나님 여호와가 너와 함께 하느니라 하시니라 - (여호수아 1:9)

| 기적을 만드는 기도 |

나의 친구 되신 하나님 아버지, 오늘도 나에게 용기를 주시니 감사합니다. 내 계획이 어그러질 때마다 두려움이 찾아듭니다. 하지만 그때마다 '두려워 말라, 놀라지 말라' 말씀하시며 내 친구가 되어 주셔서 감사합니다. 내 생각을 바꾸어 절망을 평안의 첫걸음으로 만들어 주시니 감사합니다. 그 좋은 하나님이 내 하나님이라는 것이 정말 감사합니다. 예수님의 이름으로 기도합니다. 아멘.

| 기적을 만드는 선포 |

내 사랑하는 아이야, 많이 힘들지? 무거운 짐을 짊어진 것처럼 많이 힘들 거야. 하지만 아빠, 엄마는 너의 친구 되신 하나님을 믿는다. 이 터널을 지나고 나면 환한 빛으로 우리에게 기쁨을 주실 하나님이 지금도 너를 돕고 계신단다. '두려워하지 말거라, 놀라지 말거라' 위로하시면서 재촉하시는 주님이 너의 하나님이야. 넌 잘될 거야. 사랑한다. 축복한다. 내 아이야.

내가 용감할 수 있는 이유, 예수 그리스도

나는 당당한 사람이다. 누구를 만나도 용기백배다. 내 뒤에 누가 있는지를 알기 때문이다. 나는 세상 그 누구도 감당치 못할 하나님을 나의 하나님으로 인정한 사람이다. 내가 어디서든지 용감할 수 있는 이유는 바로 예수 그리스도다.

당신을 속박하는 모든 두려움의 족쇄들은 당신 손으로 직접 채웠거나 다른 사람들이 채울 수 있도록 당신이 허락한 것들뿐이다.
- 오그 만디노 -

| 기적을 만드는 말씀 |

그러므로 형제들아 우리가 예수의 피를 힘입어 성소에 들어갈 담력을 얻었나니 - (히브리서 10:19)

| 기적을 만드는 기도 |

나의 힘이 되신 하나님 아버지, 하나님 때문에 이 세상에서 담대할 수 있습니다. 예수님의 피가 나를 언제나 담대하게 합니다. 그 무엇도 나를 떨게 할 수 없습니다. 아무것도 아닌 나를 이렇게 존귀한 자녀로 삼아 주셔서 감사합니다. 이 세상을 살아가면서 언제나 존귀한 하나님의 자녀로 살아가도록 나와 동행하여 주소서. 내 힘 되신 하나님을 찬양합니다. 예수님의 이름으로 기도합니다. 아멘.

| 기적을 만드는 선포 |

내 사랑하는 아이야, 이 세상에 너를 두렵게 할 만한 것은 절대 없단다. 무슨 일을 만나도 겁낼 필요 없어. 하나님은 너에게 담력을 주기 원하셔. 네 안에 있는 예수님의 능력이 믿어지니? 담대함이 솟아오르니? 아빠, 엄마는 늘 그렇게 기도한단다. 사랑하는 너에게 예수님 때문에 담대함이 넘치기를 기도한단다. 넌 잘될 거야. 사랑한다. 축복한다. 내 아이야.

D-day
79
Meditation 100 days
to create a miracle-Parents

PRAYER...

기도

Part 04

Meditation 100 days
to create a miracle-Parents

D-day (79~73)

하나님께 무엇인가 얻고자 한다면 그저 구하면 된다. 하나님의 약속은 복잡하지 않다. 조건도 없다. 믿음을 가지고 구하기만 하면 된다. 문제는 내가 구하는 것이 가능한 것이냐 불가능한 것이냐가 아니라 내가 얼마나 간절함으로 구하느냐다.

소원은 항상 그것을 실현할 수 있는 힘을 동시에 가지고 태어난다.
- 리처드 바흐 -

| 기적을 만드는 말씀 |

내 이름으로 무엇이든지 내게 구하면 내가 행하리라

- (요한복음 14:14)

| 기적을 만드는 기도 |

무엇을 구하든지 응답하시는 하나님 아버지, 하나님을 향한 나의 믿음이 저를 점점 담대하게 합니다. 구하기만 하면 주시겠다고 하셨는데 지금까지 담대히 구하지 못한 것을 용서하소서. 믿음으로 구하고 구한 것에 응답하시는 하나님을 발견할 뿐 아니라 새로운 세상을 보는 영의 눈을 갖기를 소원합니다. 내 기도에 역사하시는 하나님을 찬양합니다. 예수님의 이름으로 기도합니다. 아멘.

| 기적을 만드는 선포 |

내 사랑하는 아이야, 눈을 들어 하나님을 보렴. 눈앞의 문제만 보면 하나님을 볼 수 없어. 하지만 눈을 들어 하나님을 보면 문제가 어떻게 풀려나가는지를 볼 수 있게 된단다. 그리고 앞으로 닥칠 문제가 어떤 것인지까지 보는 영안도 열린단다. 크고 비밀한 것을 보게 되는 거야. 시험 점수 몇 점 더 맞는 것과는 비교도 되지 않는 비전을 보게 된단다. 아빠, 엄마는 너의 눈이 열려 새로운 세상을 보게 되기를 기도할 거야. 넌 잘될 거야. 사랑한다. 축복한다. 내 아이야.

기도는 허공에 외치는 공허한 소리가 아니다. 기도는 하나님과의 대화다. 나의 기도를 듣는 분이 계시다. 그분은 내 기도에 응답하시는 하나님 아버지다. 내가 내 자녀에게 귀를 기울이고 있는 것처럼 하나님 아버지도 나의 기도에 귀를 기울이고 있다.

작은 도끼질이 거대한 떡갈나무를 쓰러뜨린다. 당신은 기도로 거대한 떡갈나무를 내려쳐야 한다.

- 벤자민 프랭클린 -

| 기적을 만드는 말씀 |

너희 중에 병든 자가 있느냐 그는 교회의 장로들을 청할 것이요 그들은 주의 이름으로 기름을 바르며 그를 위하여 기도할지니라

- (야고보서 5:14)

| 기적을 만드는 기도 |

기도의 능력을 내게 보이시는 하나님 아버지, 내 연약함을 위하여 하나님께 간구합니다. 내 힘으로 해결할 수 없는 육신과 마음의 질병을 하나님께 내어놓고 기도합니다. 하나님께 기도할 수 있어 정말 감사합니다. 그리고 약속을 믿고 최선을 다하겠습니다. 내 약함을 회복해 주시고, 기도의 자리를 사모하게 하소서. 주님, 사랑합니다. 예수님의 이름으로 기도합니다. 아멘.

| 기적을 만드는 선포 |

내 사랑하는 아이야, 오늘도 열심히 학업에 정진하는 너에게 하나님은 반드시 좋은 결과를 주실 거야. 네가 좋은 성적을 거두는 것은 단지 너의 노력만으로는 불가능해. 하나님이 도우셔야 가능하단다. 하지만 하나님이 도우실 거라고 아무것도 하지 않고 기다린다면 하나님은 아무것도 하지 않으신단다. 하나님은 네가 최선을 다하기를 원하셔. 그리고 최선을 다하면 상상할 수 없는 은혜가 주어진단다. 오늘도 그렇게 최선을 다하렴. 아빠, 엄마가 너를 위하여 능력의 기도를 하고 있단다. 넌 잘될 거야. 사랑한다. 축복한다. 내 아이야.

근심지수만큼 나의 행동은 제한된다

내 근심지수가 내 인생을 결정한다. 근심지수가 높으면 높을수록 내 행동은 제한받는다. 두려움은 항상 마음을 위축시키기 때문이다. 근심지수를 떨어뜨리는 유일한 방법은 하나님께 기도하는 것이다. 문제는 복잡해도 해결 방법은 쉬운 법이다.

격정거리는 대개 우리가 처음 생각한 만큼 보다 훨씬 덜 심각하다.

- 나폴레온 힐 -

| 기적을 만드는 말씀 |

아무것도 염려하지 말고 다만 모든 일에 기도와 간구로, 너희 구할 것을 감사함으로 하나님께 아뢰라 - (빌립보서 4:6)

| 기적을 만드는 기도 |

기도의 자리로 나를 부르시는 하나님 아버지, 하나님을 믿지 못하고 근심의 자리에 머물렀던 것을 회개합니다. 자녀가 받아온 성적표는 내려놓고 기도의 자리로 가라고 말씀하시는 주님께 순종하겠습니다. 그것이 주는 근심에 매여 낙심하지는 않을 것입니다. 기도의 자리에서 기적을 경험하겠습니다. 몇 달 후 장성한 분량에 도달한 자녀의 모습을 보게 될 줄 믿습니다. 믿음 주셔서 감사합니다. 주님, 사랑합니다. 예수님의 이름으로 기도합니다. 아멘.

| 기적을 만드는 선포 |

내 사랑하는 아이야, 하나님은 오늘도 너에게 최고의 날을 주셨단다. 눈앞에 보이는 것에 얽매이지 말거라. 장차 일어날 일은 지금과 비교할 수 없단다. 하나님은 너에게 장성한 것으로 주실 거야. 근심, 걱정을 버리고 하나님의 평강을 구하렴. 하나님은 구하는 자녀들의 기도를 절대로 흘려듣지 않으신단다. 네 기도를 주목하신단다. 넌 잘될 거야. 사랑한다. 축복한다. 내 아이야.

다급해질수록 기도하라

조급해 한다고 일이 해결되는 것은 아니다. 다급해질수록 평정심을 가져야 한다. 그렇지 않으면 결정적인 순간에 큰 실수를 범하게 된다. 마음의 평정은 하나님을 만날 때 생긴다. 내게는 기도하면 듣는 분이 있다. 내 간절함을 들으시는 하나님이 있다.

나는 몇 번이고 무릎 꿇어 기도하지 않을 수 없었다. 내 지혜로는 위기를 해결할 수 없었다.

- 에이브라함 링컨 -

| 기적을 만드는 말씀 |

너희가 내게 부르짖으며 내게 와서 기도하면 내가 너희들의 기도를 들을 것이요 너희가 온 마음으로 나를 구하면 나를 찾을 것이요 나를 만나리라 - (예레미야 29:12-13)

| 기적을 만드는 기도 |

내 마음에 평안을 주시는 하나님 아버지, 마음이 조급해집니다. 자꾸만 내 힘으로 무언가를 해야겠다는 생각이 앞섭니다. 기도가 뒷전으로 밀려 납니다. 기도야말로 가장 강력한 무기인데 사탄은 내게서 무기를 빼앗으려고 합니다. 그러나 저는 결정했습니다. 내 마음의 상태가 어떻더라도 기도의 자리로 가서 하나님을 만나겠다고 결정했습니다. 거기서 내게 말씀하시고 지혜를 주시는 주님을 구하겠습니다. 주님, 사랑합니다. 예수님의 이름으로 기도합니다. 아멘.

| 기적을 만드는 선포 |

내 사랑하는 아이야, 시험이 점점 다가오니 많이 조급해지겠구나. 어떤 결과가 찾아올지 몰라 두려운 마음도 들 거야. 하지만 내 아이야, 이것만은 꼭 기억하렴. 하나님은 너에게 최고의 선물을 준비해 놓으셨단다. 그것을 확인하고 싶니? 그러면 하나님께 물어보렴. 기도의 자리에서 네가 받을 선물이 무엇인지 하나님께 물어보렴. 넌 잘될 거야. 사랑한다. 축복한다. 내 아이야.

성령 안에서 기도하라

성령 안에서 기도하면 성령님의 음성을 듣게 된다. 내 소원이 아닌 성령님의 소원이 무엇인지 알게 되는 것이다. 성령님의 생각이 무엇인지 알게 되면 마음이 시원해짐을 느끼게 된다. 내 생각이 얼마나 어리석었는지를 알게 되고 미련 없이 생각을 고쳐먹는다.

나는 항상, 어떤 상황에서든지 하나님께 기도하려고 했다.

- 잔느 귀용 -

| 기적을 만드는 말씀 |

모든 기도와 간구를 하되 항상 성령 안에서 기도하고 이를 위하여 깨어 구하기를 항상 힘쓰며 여러 성도를 위하여 구하라

- (에베소서 6:18)

| 기적을 만드는 기도 |

신실하신 하나님 아버지, 내 아이의 영혼을 위하여 기도할 때 기뻐하시며, 내 기도에 신실하게 응답하시는 하나님을 찬양합니다. 내 자녀의 성적을 위하여 기도하지 않고, 자녀의 영혼을 위하여 기도하게 하시니 감사합니다. 하나님의 영광의 도구가 되게 해 달라고 성령 안에서 기도하게 하시니 감사합니다. 무엇보다 이 기도의 시간들을 통해 나를 바꾸어 주시니 감사합니다. 하나님의 은혜 안에 머물게 하셔서 감사합니다. 나의 주님, 사랑합니다. 예수님의 이름으로 기도합니다. 아멘.

| 기적을 만드는 선포 |

내 사랑하는 아이야, 성령님은 언제나 너와 함께하신단다. 네가 기도할 때 귀 기울여 듣고 계셔. 너는 성령님이 돕는 축복의 사람이야. 성령님이 너와 함께하시기 때문에 네 기도는 능력이 있단다. 오늘은 네 주변에 너의 기도가 필요한 친구에게 네가 가진 선한 능력을 나누어 주지 않겠니? 하나님은 너를 통해 일하실 거야. 넌 잘 될 거야. 사랑한다. 축복한다. 내 아이야.

하나님을 간절히 찾는 자가 하나님을 만난다. 하나님을 만나지 못했다면 그건 하나님의 문제가 아니다. 내가 아직 간절하지 못하다는 증거일 뿐이다. 솔직해 보자. 진짜 하나님을 간절하게 찾았는데도 하나님을 만나지 못했다면 그건 세상에서 가장 이상한 일이다.

하나님은 모든 새들에게 각자의 몫으로 먹이를 준비해 두셨지만 결코 먹이를 둥지 안에다가 던져 주지는 않는다.

- J. G 홀랜드 -

| 기적을 만드는 말씀 |

이로 말미암아 모든 경건한 자는 주를 만날 기회를 얻어서 주께 기도할지라 진실로 홍수가 범람할지라도 그에게 미치지 못하리이다

- (시편 32:6)

| 기적을 만드는 기도 |

내게 피할 길을 열어 주시는 하나님 아버지, 지난날들을 살펴보니 하나님께 죄송한 마음뿐입니다. 내가 필요할 때는 애타게 찾다가 문제가 사라지면 언제 그랬냐는 듯 잊었던 제 자신이 부끄럽습니다. 하나님은 언제나 저에게 순전한 기도를 원하셨는데 저는 하나님의 기대를 자주 저버렸습니다. 그러나 순전하지 못한 나의 기도도 귀하게 들어주신 하나님 아버지의 은혜를 생각할 때 정말 감사합니다. 그리고 사랑합니다. 예수님의 이름으로 기도합니다. 아멘.

| 기적을 만드는 선포 |

내 사랑하는 아이야, 하나님을 찾는 네 마음의 조급함으로 인한 거짓이 담기지 않기를 바란다. 하나님은 이미 너의 마음을 알고 계신단다. 위기모면을 위한 기도인지 순전한 마음인지 다 알고 계시지.
네가 순전한 마음으로 기도하면 하나님은 너를 만나 주실 거야. 하나님은 순전한 기도에 반드시 응답하시거든. 아빠, 엄마는 너를 믿는다. 하나님을 순전하게 찾을 너를. 넌 잘될 거야. 사랑한다. 축복한다. 내 아이야.

진실한 회개기도는 하나님을 움직인다

하나님의 마음을 움직이는 기도는 미사여구가 아니다. 하나님은 나의 진실한 기도, 거짓 없는 참회에 응답하신다. 진실한 참회는 내 행동으로 증명된다. 내가 아무리 입으로 외쳐도 행동이 없으면 그건 참회가 아니다. 말장난에 불과하다.

내 삶은 분리되지 않는 완전한 통일체다. 나의 모든 행동은 서로 연관되어 있고, 내 삶은 곧 내가 말하고 있는 메시지다.

- 마하트마 간디 -

| 기적을 만드는 말씀 |

삭개오가 서서 주께 여짜오되 주여 보시옵소서 내 소유의 절반을 가난한 자들에게 주겠사오며 만일 누구의 것을 속여 빼앗은 일이 있으면 네 갑절이나 갚겠나이다 예수께서 이르시되 오늘 구원이 이 집에 이르렀으니 이 사람도 아브라함의 자손임이로다

- (누가복음 19:8-9)

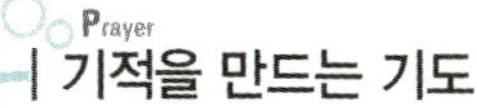

| 기적을 만드는 기도 |

내가 이룬 결과보다 그 과정을 보시는 하나님 아버지, 결과를 위해서 과정을 무시했던 내 죄를 회개합니다. 앞으로는 하나님이 기뻐하시는 과정을 만들어 보겠습니다. 비록 결과가 내게 흡족하지 않아도 과정을 부끄럽게 만들지 않겠습니다. 내 아이에게도 과정이 무시된 결과에 대하여 강요하지 않겠습니다. 내게 그런 큰 깨달음을 주신 하나님을 찬양합니다. 예수님의 이름으로 기도합니다. 아멘.

| 기적을 만드는 선포 |

내 사랑하는 아이야, 세상은 네가 무엇을 만들었는지에 관심이 있겠지만 하나님은 네가 어떻게 만들었는지에 관심이 있단다. 내가 좋은 성적을 얻는 것은 우리가 정말 바라고 바라는 일이야. 하지만 그것을 어떻게 얻었는지는 그보다 더 중요한 일이란다. 아빠, 엄마는 네가 정당하게 얻고 모두에게 인정받기를 항상 기도한단다. 넌 잘될 거야. 사랑한다. 축복한다. 내 아이야.

D-day 72

Meditation 100 days
to create a miracle Parents

PURPOSE

Part 05
목적

Meditation 100 days to create a miracle - Parents

D-day (72~66)

내가 살아가는 이유

세상에는 두 종류의 사람이 있다. 나를 위해 사는 사람과 남을 위해 사는 사람이다. 나와 남은 단지 'ㅁ' 하나의 차이다. 그러나 'ㅁ' 하나를 더 짊어지고 사는 사람은 나만 위해 사는 사람보다 훨씬 아름답다. 짊어진 무게 때문에 흘러내리는 땀방울까지도 아름답다.

어떤 리더는 사람과 정보를 통제하려고 한다. 자기가 알고 있는 미래를 숨긴다. 이러한 행동은 그의 지위를 확고하게 할지는 모르지만 사람들은 그를 신뢰하지 않는다.

- 잭 웰치 -

| 기적을 만드는 말씀 |

나를 보내신 이의 뜻은 내게 주신 자 중에 내가 하나도 잃어버리지 아니하고 마지막 날에 다시 살리는 이것이니라 - (요한복음 6:39)

| 기적을 만드는 기도 |

세상을 살리는 사람이 되기를 원하시는 하나님 아버지, 늘 나만 생각하고 나를 위하여 살았던 것을 회개합니다. 내 아이만이 중요했고, 내 아이의 성적이 몇 점인지에 온 관심이 있었던 것이 하나님의 마음을 얼마나 아프게 했는지 깨닫습니다. 주변을 돌아보는 눈을 주셔서 나 때문에 남이 행복해지기를 원합니다. 내 아이 때문에 더 나은 세상이 되기를 원합니다. 나와 내 아이가 그 비전을 잃어버리지 않게 하소서. 예수님의 이름으로 기도합니다. 아멘.

| 기적을 만드는 선포 |

내 사랑하는 아이야, 네가 공부하는 이유는 단지 출세하기 위함이 아니란다. 네가 공부하는 이유는 더 많은 사람을 행복하게 하는 일에 너를 사용하고자 하시는 하나님의 큰 계획이란다. 아빠, 엄마는 네가 하나님의 큰 계획안에 있다는 것을 잊지 않기를 기도한단다. 그리고 네가 살려낼 세상을 기대한단다. 넌 잘될 거야. 사랑한다. 축복한다. 내 아이야.

목적을 잃어버리면 방향을 잃어버린다

조금 느려도 걱정할 것 없다. 느리게 간다는 것이 실패는 아니다. 중요한 것은 속도가 아니라 방향이다. 생의 목적이 분명하면 언젠가 반드시 원하는 곳에 도달하게 되어 있다. 힘을 내라. 속도가 아니라 목적을 향해 가기 위하여 힘을 내라.

사람의 동기를 의심하는 순간 그의 모든 행동은 순수해 보이지 않는다.

- 마하트마 간디 -

| 기적을 만드는 말씀 |

예수 그리스도를 믿음으로 말미암아 모든 믿는 자에게 미치는 하나님의 의니 차별이 없느니라 - (로마서 3:22)

^{Prayer} | 기적을 만드는 기도 |

목적을 향해 달려가기를 원하시는 하나님 아버지, 세상에 마음을 빼앗기면 소금물을 마시는 것처럼 갈급해지는 것을 느낍니다. 이래서는 안된다는 생각을 하면서도 세상에 뒤처질까 두려워 허망한 것에 불필요한 힘을 쏟습니다. 그때마다 본질에 집중하도록 성령님 나를 다스리소서. 목적을 향해 갈 수 있도록 나의 눈을 열어 주소서. 예수님의 이름으로 기도합니다. 아멘.

^{Declaration} | 기적을 만드는 선포 |

내 사랑하는 아이야, 아빠, 엄마는 네가 언제나 본질을 향해 가기를 원해. 잠시 손해를 보는 것 같아도 본질에 집중한다면 절대 실패하지 않게 될 거야. 만약에 네가 목적을 잃으면 방향을 찾을 수 없게 되고, 방향을 잃으면 인생의 끝자락에서 반드시 후회하게 된단다. 뒤처지는 것에 대하여 두려워 말고 목적이 너를 지배하게 하렴. 넌 잘될 거야. 사랑한다. 축복한다. 내 아이야.

내 삶은 분명한 목적이 이끌고 간다

하나님의 말씀이 실감나게 다가오지 않으면 사람들의 말에 귀를 기울일 수밖에 없다. 그들이 말하는 대로 살아야 한다. 그런데 문제는 사람들의 생각은 자주 바뀐다는 것이다. 전혀 일관성이 없다. 무엇보다 숭고한 목적을 말하지 않는다.

생각은 목적을 통해 행동으로 이어진다. 행동은 습관에서 발생하고 습관은 성격을 결정하며, 성격은 그 사람의 운명까지 바꾼다.

- 트라이언 에드워즈 -

| 기적을 만드는 말씀 |

여호와를 의뢰하고 선을 행하라 땅에 머무는 동안 그의 성실을 먹을거리로 삼을지어다 또 여호와를 기뻐하라 그가 네 마음의 소원을 네게 이루어 주시리로다 - (시편 37:3-4)

Prayer
| 기적을 만드는 기도 |

나를 향하여 무한 기대를 가지시는 하나님 아버지, 사람들의 말에 흔들리지 말게 하소서. 오직 하나님의 말씀에만 내 귀가 열리기를 원합니다. 그래서 내게 들려주시는 숭고한 목적에 따라 오늘 하루를 살아가게 하여 주소서. 내게 주신 기회를 우연이 아닌 하나님의 기대로 받아들이며 최선을 다하겠습니다. 내게 기회를 주신 하나님 찬양합니다. 예수님의 이름으로 기도합니다. 아멘.

Declaration
| 기적을 만드는 선포 |

내 사랑하는 아이야, 하나님은 너에게도 기회를 주실 거야. 그것은 단지 네가 출세하도록 주신 기회가 아니란다. 하나님은 너에게 더 크고 위대한 계획을 가지고 계셔. 네가 하나님의 선한 도구가 되기로 작정하면 하나님은 자신의 계획을 하나씩 만들어 가실 거란다. 아빠, 엄마는 네가 하나님의 기대를 잊지 않고 노력할 거라고 믿는다. 넌 잘될 거야. 사랑한다. 축복한다. 내 아이야.

하늘에 보화를 쌓으라

나의 보물 창고는 두 곳에 있다. 하나는 이 땅에, 또 다른 하나는 저 하늘에 있다. 이 둘은 서로 연결되어 있어서 하나의 창고를 비우면 다른 창고에 채워진다. 내가 이 땅의 창고에 보화를 채우면 하늘 창고는 텅텅 비게 된다. 물론 이 땅의 창고를 비우면 결과는 반대다.

가장 훌륭한 가르침은 말한 대로 사는 것이다.

- 벤자민 프랭클린 -

| 기적을 만드는 말씀 |

너희를 위하여 보물을 땅에 쌓아 두지 말라 거기는 좀과 동록이 해하며 도둑이 구멍을 뚫고 도둑질 하느니라 - (마태복음 6:19)

| 기적을 만드는 기도 |

주님을 위하여 살기를 원하시는 하나님 아버지, 내 삶을 돌아보니 주님을 위한 삶이 아니었습니다. 오직 나만을 위한 시간들을 보냈습니다. 하늘에 보화를 쌓는 일에 별로 관심이 없었습니다. 내 관심은 이 땅의 보화를 더 많이 갖는 것이었습니다. 회개합니다. 그리고 결심합니다. 하늘에 보화를 쌓는 복 있는 사람이 되겠습니다. 깨닫게 하신 주님을 찬양합니다. 예수님의 이름으로 기도합니다. 아멘.

| 기적을 만드는 선포 |

내 사랑하는 아이야, 넌 하나님의 기쁨이란다. 네가 조금씩 쌓아 가는 하늘 보화를 보시면서 하나님은 너에게 더 큰 기대를 하신단다. 오늘 네가 공부하는 이유는 출세가 아니라 주님을 위함이라는 사실을 잊지 않았으면 좋겠구나. 앞으로 차근히 찾아가 보렴. 주님을 위하여 무엇을 할지 발견해 보렴. 그런 너를 하나님은 기뻐한단다. 넌 잘될 거야. 사랑한다. 축복한다. 내 아이야.

나의 가는 이 길 끝에서 나는 주님을 보리라

세상 것에 욕심이 난다면 나와 다른 세상에서 주님을 위하여 사는 사람들을 떠올리면 된다. 그러면 내 마음이 숙연해짐을 느낀다. 더 이상 세상의 것을 얻지 못해 안달하는 삶에서 벗어날 수 있다. 마음이 깨끗해짐을 경험하게 된다.

늙어 죽은 후 무덤 속에서 벌레에게 뜯어 먹히는 것과 복음을 전하다 식인종에게 잡혀 뜯어 먹히는 것이 무슨 차이가 있는가? 때가 되면 그리스도의 몸으로 부활할 텐데.

— 존 패튼 —

| 기적을 만드는 말씀 |

또 무리에게 이르시되 아무든지 나를 따라오려거든 자기를 부인하고 날마다 제 십자가를 지고 나를 따를 것이니라 - (누가복음 9:23)

| 기적을 만드는 기도 |

자기 십자가를 지고 따라오기를 원하시는 하나님 아버지, 내게도 십자가가 있습니다. 깨닫지 못했을 때는 내 십자가가 얼마나 무거웠는지 모릅니다. 하지만 말씀을 깨닫고 나니 내게 주신 십자가를 묵묵히 지겠다는 결심이 생깁니다. 내게 그 같은 결심을 하게 하심도 하나님의 은혜입니다. 앞으로는 십자가의 무게 때문에 고민하지 않겠습니다. 얼마나 아무리 무거워도 내 십자가라면 기쁜 마음으로 지고 가겠습니다. 십자가까지도 기쁨 되게 하신 하나님을 찬양합니다. 예수님의 이름으로 기도합니다. 아멘.

| 기적을 만드는 선포 |

내 사랑하는 아이야, 너에게도 무거운 십자가가 있다는 것을 안단다. 그런데 아빠, 엄마는 네가 가진 십자가를 너무 힘들어하지 않았으면 좋겠구나. 너의 십자가가 크다면 그 만큼 하나님이 너에게 큰 기대를 하고 있다는 증거 아니겠니? '하나님이 나를 인정하셨구나.' 하는 생각으로 십자가를 기쁨으로 지고 가기를 기도할게. 넌 잘될 거야. 사랑한다. 축복한다. 내 아이야.

나는 하나님의 선한 일을 위하여 지음 받았다

나는 나 자신에게 얼마나 기대하고 있는가? 하나님이 나에게 품고 계신 기대만큼 나는 나 자신을 기대하고 있는지 자주 확인해 보아야 한다. 그렇지 않으면 나를 너무 낮춰 잡게 된다. 나는 훌륭하다. 나는 하나님의 선한 일을 위하여 지음 받은 존귀한 사람이다.

목적하는 항구의 방향을 모른다면 모든 바람은 역풍이 된다.

- 세네카 -

| 기적을 만드는 말씀 |

우리는 그가 만드신 바라 그리스도 예수 안에서 선한 일을 위하여 지으심을 받은 자니 이 일은 하나님이 전에 예비하사 우리로 그 가운데서 행하게 하려 하심이니라 - (에베소서 2:10)

| 기적을 만드는 기도 |

나를 존귀하게 만드신 하나님 아버지, 내가 얼마나 존귀한 존재인지 알게 하시고, 내 인생의 목적을 깨닫게 하셔서 감사합니다. 하나님의 꿈을 나에게 꾸게 하시고 하찮은 일에 내 마음이 흘러가지 않게 하소서. 언제나 하나님이 나에게 기대하시는 목표를 기억하며 더 큰 세상을 바라보는 내가 될 수 있도록 하신 하나님을 전심으로 찬양합니다. 예수님의 이름으로 기도합니다. 아멘.

| 기적을 만드는 선포 |

내 사랑하는 아이야, 작은 일에 몰두하다 보면 큰일을 놓쳐 버리는 경우가 많단다. 그때마다 눈을 감고 생각해 보렴. 하나님이 설마 이 작은 일을 목표로 주셨을까 생각해 보렴. 분명히 그렇지 않다는 대답이 나올 거야. 네가 지금 감당해야 할 일들이 너의 인생에 펼쳐질 큰 꿈을 가리지 않도록, 언제나 크게 생각하기를 기도할게. 넌 잘될 거야. 사랑한다. 축복한다. 내 아이야.

약할 때 강함 되시네

나는 약하다. 그러나 하나님은 강하다. 나는 아무리 봐도 보잘 것 없다. 그러나 하나님은 위대하다. 내가 할 수 있는 건 아무것도 없다. 하지만 하나님은 무엇이든지 하실 수 있다. 그런데 다행인 것은 내가 그 하나님을 가졌다는 것이다. 정말 다행이다.

하나님은 나의 약함을 강함 되게 하십니다. 주님은 나의 보배이십니다. 내가 쓰러졌을 때 나를 세우시고 내 빈 잔을 채워 주십니다.
- 데니스 저니건 -

| 기적을 만드는 말씀 |

그리스도께서 약하심으로 십자가에 못 박히셨으나 하나님의 능력으로 살아 계시니 우리도 그 안에서 약하나 너희에게 대하여 하나님의 능력으로 그와 함께 살리라 - (고린도후서 13:4)

| 기적을 만드는 기도 |

약할 때 강함 되시는 하나님 아버지, 하나님은 나의 능력이십니다. 비록 나는 약하나 나와 동행하시는 하나님은 강합니다. 언제나 강한 손으로 나를 붙잡아 주십니다. 약한 나를 격려하사 내 십자가를 부인하지 않게 하소서. 주님 내미신 손을 붙잡고 일어나 다시 가야 할 길을 가게 하소서. 십자가의 길 끝에서 주님을 만날 때까지 묵묵히 걸어가게 하소서. 예수님의 이름으로 기도합니다. 아멘.

| 기적을 만드는 선포 |

내 사랑하는 아이야, 하나님은 지금도 네가 쓰러질까봐 안타까운 마음으로 너를 바라보신단다. 네가 알았으면 좋겠구나. 하나님은 너의 약함을 강함 되게 하시는 분이시라는 것을. 하나님은 세상과 달라서 네가 약할 때 너를 격려하고 도우시는 분이란다. 하나님과 함께 아빠, 엄마도 네 뒤에 있으니 힘을 내거라. 넌 잘될 거야. 사랑한다. 축복한다. 내 아이야.

D-day
65
Meditation 100 days
to create a miracle-Perems

VISION...

Part 06

비전

**Meditation 100 days
to create a miracle-Parents**

D-day (65~59)

나에게 포기란 없다

나는 절대 포기하지 않는다. 물론 눈앞에 펼쳐지는 환경은 내게 포기를 강요하겠지만 나는 절대 포기 하지 않는다. 주먹을 불끈 쥐고 다시 일어날 것이다. 포기야! 절대 내가 먼저 포기하는 일은 없다. 네가 나를 포기하는 것이 빠를 것이다.

포기하지 마라. 절대 포기하지 마라. 절대, 절대, 절대 포기하지 마라.
- 윈스턴 처칠 -

| 기적을 만드는 말씀 |

우리가 선을 행하되 낙심하지 말지니 포기하지 아니하면 때가 이르매 거두리라 - (갈라디아서 6:9)

| 기적을 만드는 기도 |

내가 낙심했을 때 나의 힘이 되신 하나님 아버지, 합력하여 선을 이루실 하나님을 믿습니다. 저는 낙심하지 않기로 결정했습니다. 하나님은 반드시 나를 승리로 이끌어 주실 것입니다. 다 그만두고 싶을 때도 있습니다. 하지만 그때마다 하나님의 말씀을 기억해 내겠습니다. 힘이 되어 주시겠다는 하나님의 음성을 듣겠습니다. 그리고 다시 일어날 겁니다. 내게 소망의 기운을 불어넣어 주시는 하나님께 감사합니다. 예수님의 이름으로 기도합니다. 아멘.

| 기적을 만드는 선포 |

내 사랑하는 아이야, 오늘도 최선을 다하고 있는 너를 보니 아빠, 엄마의 마음이 정말 흐뭇하구나. 너라고 왜 힘들지 않겠니? 하지만 장차 네가 만날 기쁨을 기억하며 포기하고 싶은 그 자리에서 벌떡 일어나는 네가 참 자랑스럽다. 힘들더라도 절대 포기하지 말자. 하나님은 너에게 놀라운 계획을 가지고 계신단다. 믿지? 넌 잘될 거야. 사랑한다. 축복한다. 내 아이야.

나는 항상 한 곳만 쳐다본다. 나는 하나님의 손가락이 가리키는 곳만 본다. 나의 발걸음은 언제나 하나님의 비전을 향해서만 움직인다. 인생의 나침반아! 흔들리지 말지어다. 허망한 것에 흔들리지 말지어다. 오직 비전의 방향만을 가리킬지어다. 나의 인생 나침반아!

자신이 세운 목표를 향한 강한 열정은 성공을 보장한다.

- 윌리암 해리엇 -

| 기적을 만드는 말씀 |

푯대를 향하여 그리스도 예수 안에서 하나님이 위에서 부르신 부름의 상을 위하여 달려가노라 - (빌립보서 3:14)

| 기적을 만드는 기도 |

큰 비전을 허락하시는 하나님 아버지, 나에게 비전이 무엇인지 깨닫게 하셔서 감사합니다. 그리고 비전을 향해 달려갈 용기도 주셔서 감사합니다. 세상 야망과 비전을 혼동하지 않게 하시고 언제나 비전에 사로잡혀 열정으로 달려가게 하소서. 내 아이가 나를 보며 비전의 사람이 살아가는 모습을 발견하게 하소서. 내 비전의 주인이신 주님 사랑합니다. 예수님의 이름으로 기도합니다. 아멘.

| 기적을 만드는 선포 |

내 사랑하는 아이야, 너에게 비전을 주신 하나님께 정말 감사하구나. 다른 아이들과 달리 비전 때문에 공부하는 네가 얼마나 자랑스러운지 모른단다. 너에게 있는 비전이 너의 마음을 강하게 붙잡아 너로 항상 이기게 할 거야. 아빠, 엄마는 항상 네 비전에 지지를 보낸다. 그리고 네가 도달할 그곳을 기대한다. 넌 잘될 거야. 사랑한다. 축복한다. 내 아이야.

자부심이 생긴다. 누가 뭐라 해도 나는 특별하다. 아무리 생각해도 나만큼 가치 있는 사람은 없다. 나를 위해 그 고귀한 피를 흘려 주셨다는 사실은 내가 얼마나 가치 있는 사람인지를 증명해 준다. 나는 누가 뭐래도 정말 훌륭하고 가치 있다.

당신은 당신이 스스로 생각하는 것보다 훨씬 훌륭하고 가치 있는 사람이다.

-노먼 빈센트 필 -

| 기적을 만드는 말씀 |

자기 아들을 아끼지 아니하시고 우리 모든 사람을 위하여 내주신 이가 어찌 그 아들과 함께 모든 것을 우리에게 주시지 아니하겠느냐 - (로마서 8:32)

| 기적을 만드는 기도 |

나를 가치 있게 만들어 주신 하나님 아버지, 초라한 내 육신을 보지 않게 하시고 내가 얼마나 빛나는 가치가 있는지 깨닫게 하셔서 감사합니다. 내 영혼과 육체를 예수님의 보혈이 덮을 때 나의 가치는 빛나기 시작했습니다. 그 누구와도, 그 무엇과도 바꿀 수 없는 고귀한 빛이 내게서 보이기 시작했습니다. 주님 덕분에요. 사랑하는 나의 주님 덕분에요. 나를 가치 있게 만드신 하나님 찬양합니다. 예수님의 이름으로 기도합니다. 아멘.

| 기적을 만드는 선포 |

내 사랑하는 아이야, 너는 진짜 가치 있는 사람이야. 사람들이 너의 가치를 발견하지 못했다면 그들은 가치를 발견하는 눈이 먼 사람일거야. 하나님이 너를 얼마나 존귀하게 만드셨는지 몰라. 너를 보혈로 덮으셔서 세상에서 가장 빛나는 보석으로 만드셨단다. 아빠, 엄마는 네가 이미 가치 있는 사람이라는 걸 발견했단다. 넌 잘될 거야. 사랑한다. 축복한다. 내 아이야.

내 안에 잠자는 거인을 깨우라

나의 점수는 남이 결정하지 않는다. 내 점수는 내가 매기는 것이다. 자신을 행해 "나는 100점이야" 라고 말하면 나는 100점이다. 똑같은 조건에서도 "나는 50점도 못돼" 라고 말하면 나는 50점짜리다. 외치자. 나는 100점짜리라고! 내 안에 잠자고 있는 거인을 깨우자.

당신에게는 엄청난 힘이 숨어 있다. 그 힘을 찾아내어 사용한다면
그동안 상상했던 모든 일을 이룰 수 있을 것이다.

- 오리슨 스웨트 마든 -

| 기적을 만드는 말씀 |

그러나 내가 가는 길을 그가 아시나니 그가 나를 단련하신 후에는
내가 순금 같이 되어 나오리라 - (욥기 23:10)

| 기적을 만드는 기도 |

나를 보석처럼 빛나게 하시는 하나님 아버지, 하나님 때문에 내가 얼마나 가치 있는 사람인지 알게 되었습니다. 나는 보석처럼 빛나는 사람입니다. 세상의 소리에 귀를 닫고 오직 하나님의 음성에 내 귀를 엽니다. 내가 얼마나 보석처럼 빛나는 존재인지를 말씀해 주시는 하나님의 음성에만 집중합니다. 지금도 그렇게 말씀하시는 하나님을 기뻐합니다. 예수님의 이름으로 기도합니다. 아멘.

| 기적을 만드는 선포 |

내 사랑하는 아이야, 너는 이 세상을 깜짝 놀라게 할 거인이야. 얼마나 큰지 감히 쳐다 볼 수 없을 만큼 큰 사람이야. 약점? 너에게 그런 것이 있었니? 하나님은 네게 약점 따위는 주지 않으셨단다. 하나님께만 네 귀를 열어 보렴. 네가 얼마나 존귀한 사람인지, 네가 얼마나 보석처럼 빛나고 있는지 말씀하실 테니. 넌 잘될 거야. 사랑한다. 축복한다. 내 아이야.

인디언들은 비가 오지 않으면 기우제를 지낸다. 그리고 기우제를 지내면 영락없이 비가 내린다. 이유는 간단하다. 인디언들은 비가 올 때까지 기우제를 지내기 때문이다. 그래서 인디언 기우제는 항상 비를 부른다. 나도 마찬가지다. 누가 뭐라 해도 될 때까지 하겠다.

공기역학적으로 볼 때 벌은 날 수 없다. 그 사실을 알지 못하는 벌은 계속해서 날기 위하여 몸부림친다.

- 메리 케이 애쉬

| 기적을 만드는 말씀 |

그 산지도 네 것이 되리니 비록 삼림이라도 네가 개척하라 그 끝까지 네 것이 되리라 가나안 족속이 비록 철 병거를 가졌고 강할지라도 네가 능히 그를 쫓아내리라 하였더라 - (여호수아 17:18)

| 기적을 만드는 기도 |

내가 도전할 때 내게 힘을 불어넣어 주시는 하나님 아버지, 오늘도 하나님의 능력에 힘입어 도전의 길을 멈추지 않습니다. 내 눈앞에 펼쳐져 있는 많은 장애물들은 나를 힘들게 할 것입니다. 하지만 나를 멈추게 할 수는 없습니다. 하나님은 내가 멈추기를 원치 않으십니다. 나는 하나님의 뜻대로 살 것입니다. 나는 절대 멈추지 않겠습니다. 하나님이 멈추라고 말씀하지 않는 한. 내 힘의 원천이신 하나님을 찬송하고 찬송합니다. 예수님의 이름으로 기도합니다. 아멘.

| 기적을 만드는 선포 |

내 사랑하는 아이야, 여기까지 오느라 참 수고가 많았다. 지금까지 많은 장애물들이 있었는데 잘 넘어선 네가 정말 자랑스럽다. 아빠, 엄마는 너를 믿는다. 지금까지처럼 앞으로도 잘해 낼 것이라고 확신한다. 어떤 어려움도 능히 이기는 너이기에 앞으로 찾아올 그 어떤 위기도 걱정하지 않는다. 너는 또 뛰어넘을 거야. 넌 잘될 거야. 사랑한다. 축복한다. 내 아이야.

실패는 비전을 키운다

실패는 독약이 아니다. 실패는 양약이다. 입에 쓰지만 실패는 나를 더 강하게 만든다. 어떻게 실패하지 않는지 깨닫게 한다. 잠시 기분은 씁쓸하지만 언제 그랬냐는 듯이 툴툴 털고 일어나 다시 하면 된다. 실패할 때마다 내 비전은 조금씩 더 커진다.

성공은 언제나 실패를 여러 번 겪은 뒤에야 찾아왔다

- 토마스 왓슨 -

| 기적을 만드는 말씀 |

대저 의인은 일곱 번 넘어질지라도 다시 일어나려니와 악인은 재앙으로 말미암아 엎드러지느니라 - (잠언서 24:16)

| 기적을 만드는 기도 |

나를 의롭게 하사 다시 일어서게 하시는 하나님 아버지, 의인은 일곱 번 넘어져도 여덟 번 일어난다는 말씀이 내게 큰 위로가 됩니다. 실패했지만 완전히 넘어지지 않게 하시고, 실패를 통해 나의 비전을 키워 주시니 감사합니다. 나의 비전이 성취되는 그날에 지난 모든 아픔을 보상받게 될 것이라고 믿습니다. 하나님은 언제나 나의 주님이십니다. 예수님의 이름으로 기도합니다. 아멘.

| 기적을 만드는 선포 |

내 사랑하는 아이야, 마음먹은 대로 되지 않아도 그것을 실패라고 생각하지 말거라. 실패자의 눈에는 실패처럼 보이겠지만 성공자의 눈에 그것은 비전의 학습일 뿐이야. 성공의 열매를 거두기 위하여 어쩔 수 없이 거치는 과정일 뿐이란다. 실패를 통해 너의 비전이 자라는 거란다. 자! 다시 일어서라. 힘을 내거라. 넌 잘될 거야. 사랑한다. 축복한다. 내 아이야.

말에는 힘이 있다

무슨 말을 하든지 내가 하는 말에는 힘이 있다. 살리는 말을 하면 살리는 힘이, 죽이는 말을 하면 죽이는 힘이 나온다. 결국 살리고 죽이는 것은 내 말에 달렸다. 더 놀라운 것은 내가 무슨 말을 하든지 그 말을 가장 먼저 듣는 사람은 말하는 '나'이다.

외적 환경에 지배당한다고 믿으면 절대 환경으로부터 자유로울 수 없다.

- 제임스 앨런 -

| 기적을 만드는 말씀 |

무릇 더러운 말은 너희 입 밖에도 내지 말고 오직 덕을 세우는 데 소용되는 대로 선한 말을 하여 듣는 자들에게 은혜를 끼치게 하라

- (에베소서 4:29)

| 기적을 만드는 기도 |

내게 말의 권세를 주신 하나님 아버지, 나에게 권세가 있다는 사실을 잊지 않겠습니다. 할 수 있는 대로 선한 말로 사람을 살리겠습니다. 무엇보다 내 아이에게 살리는 말을 하겠습니다. 그래서 비전의 사람이 되고, 비전의 사람을 만드는 비전메이커가 되겠습니다. 나를 통해 하나님의 비전이 흘러가게 하소서. 나를 비전의 사람으로 세우시는 주님, 찬양합니다. 예수님의 이름으로 기도합니다. 아멘.

| 기적을 만드는 선포 |

내 사랑하는 아이야, 아빠, 엄마는 무조건 너를 축복한단다. 너는 무엇을 하든지 잘될 거야. 하나님은 너를 최고의 작품으로 만드셨단다. 그래서 너는 어디에서든지 보석처럼 빛날 거야. 비전의 사람인 너로 인해 수많은 사람들이 비전을 발견하게 될 거야. 너는 반드시 아름다운 세상을 만드는 비전메이커가 될 거야. 넌 잘될 거야. 사랑한다. 축복한다. 내 아이야.

D-day
58

PEOPLE'S DREAMS...

Part 07

꿈의 사람

Meditation 100 days
to create a miracle-Parents

D-day (58~52)

다때려 치고 싶을 때가 하루에도 수백 번이다. 될 것 같다가도 문턱에서 넘어질 때면 그만두고 싶다. 이래도 안 되면 내 능력을 벗어난 것 아닐까? 바로 그때 난 이렇게 소리칠 거다. "좌절 금지!" 창창한 내 인생을 넘어진 채로 끝내다니 그건 있을 수 없는 일이다.

장애물은 야생동물과 같다. 겁먹은 모습을 보이면 달려든다. 하지만 당당하게 똑바로 응시하면 슬금슬금 도망칠 것이다.

- 오리슨 스웨트 마든 -

| 기적을 만드는 말씀 |

여호와께서는 자기 백성을 버리지 아니하시며 자기의 소유를 외면하지 아니하시리로다 - (시편 94:14)

| 기적을 만드는 기도 |

절대 나를 버리지 않으시는 하나님 아버지, 나를 찾아오는 환경을 보면 정말 버림 받은 것 같습니다. 하지만 나는 환경을 믿지 않고 하나님의 말씀을 믿겠습니다. 하나님은 자기 백성을 버리지 않는다고 하신 그 말씀만을 믿습니다. 그 누가 뭐라고 해도 귀 기울이지 않겠습니다. 오직 나의 귀는 하나님의 음성에만 열어 놓겠습니다. 나를 지키시는 주님만 믿습니다. 예수님의 이름으로 기도합니다. 아멘.

| 기적을 만드는 선포 |

내 사랑하는 아이야, 세상의 말은 별로 중요한 것이 아니야. 정말 중요한 것은 하나님이 너에게 하시는 말씀이란다. 너는 그것만 듣고, 그 말씀만 믿으면 되는 거야. 하나님이 자기 백성을 버리지 아니하시며 자기의 소유를 외면하지 아니하시겠다는 그 말씀만 믿으면 되는 거야. 네가 바로 하나님의 백성이야. 하나님의 소유야. 넌 잘될 거야. 사랑한다. 축복한다. 내 아이야.

창조는 꿈꾸는 자의 몫이다

하나님은 주를 경외하는 나에게 특별한 재능을 주셨다. 하나님처럼 꿈꾸게 하셨고, 꿈꾼 대로 창조하는 능력을 허락하셨다. 내가 계속해서 하나님을 경외하면 하나님은 나에게 계속 꿈을 주실 것이다. 그리고 나는 계속 새로운 것을 만들어 갈 것이다.

꿈은 실패할 때 끝나는 것이 아니라 포기할 때 끝나는 것이다. 계속 꿈을 꾸고 있다면 끝난 것이 아니다.

- 리처드 닉슨 -

| 기적을 만드는 말씀 |

여호와를 경외하는 것이 지혜의 근본이요 거룩하신 자를 아는 것이 명철이니라 - (잠언 9:10)

| 기적을 만드는 기도 |

경외하는 자에게 꿈을 주시는 하나님 아버지, 하나님을 경외함이 나에게 가장 중요한 선택이 되게 하여 주소서. 경외함에서 시작된 꿈과 창조적인 생각이 나에게서 떠나지 않게 하소서. 저는 어떤 순간에도 하나님을 기억할 것입니다. 하나님이 내 인생의 주인이라는 사실을 잊지 않겠습니다. 주님! 내가 만들어 가는 모든 창조는 'Made by God'임을 인정합니다. 예수님의 이름으로 기도합니다. 아멘.

| 기적을 만드는 선포 |

내 사랑하는 아이야, 하나님을 경외하는 너에게 하나님은 지혜와 지식과 총명으로 채워 주실 거라고 믿는다. 하나님은 너에게 남들이 하지 못하는 생각을 넣어 주셔서 너를 특별하게 만들어 주실 거야. 너의 놀라운 창조물이 하나님이 주신 생각에서 나왔다고 인정하기만 하면 놀라운 일은 계속해서 너의 인생에서 튀어나올 거야. 넌 잘될 거야. 사랑한다. 축복한다. 내 아이야.

생생하게 꿈꾸되 끝까지 꿈꾸라

하나님은 나에게 창고의 열쇠를 주셨다. 그 창고 안에는 남들이 가지지 못한 놀라운 재료들로 가득하다. 나의 할 일은 그 재료들을 사용하여 세상을 깜짝 놀라게 할 것들을 만드는 것이다. 나는 꼭 그렇게 할 것이다.

하고 싶은 일에 조금이라도 가능성이 보이면 끝까지 한다. 이것이 내 인생의 대원칙이다.

- 바람의 딸 한비야 -

| 기적을 만드는 말씀 |

그러므로 내가 너희에게 말하노니 무엇이든지 기도하고 구하는 것은 받은 줄로 믿으라 그리하면 너희에게 그대로 되리라

- (마가복음 11:24)

| 기적을 만드는 기도 |

구하면 주시는 하나님 아버지, 구하면서도 의심했던 저를 용서해 주십시오. 허락해 주신 수많은 재료를 보면서도 미래를 상상하지 않은 죄를 회개합니다. 구하면 받은 줄로 믿으라는 말씀을 실제로 만들지 못한 것은 모두 나의 불신 때문이었습니다. 그러나 이제부터는 구하는 노력과 받는 담력을 키우겠습니다. 나를 통해 위대한 일을 이미 시작하신 하나님을 찬양합니다. 예수님의 이름으로 기도합니다. 아멘.

| 기적을 만드는 선포 |

내 사랑하는 아이야, 너는 반드시 할 수 있단다. 이미 하나님은 너에게 수많은 생각의 조각들을 주셨어. 너의 할 일은 그 조각들을 맞춰 가는 거야. 아름다운 그림을 상상하며 조각 하나하나를 끼워 맞춰 가다 보면 얼마 후 멋진 그림이 네 손에 들려지게 될 거야. 아빠, 엄마는 그런 네가 얼마나 기대되는지 모른단다. 마음껏 하나님이 주신 재료를 사용해 보렴. 너는 세상에서 가장 멋진 그림이야. 넌 잘될 거야. 사랑한다. 축복한다. 내 아이야.

별은 밤하늘을 보는 사람만이 볼 수 있다

현대식 운항장비도, 나침반도 없을 때 항해자가 정확히 목표를 향해 갈 수 있었던 것은 별을 보았기 때문이다. 별은 항해자가 어디로 가야 할지를 정확하게 알려 준다. 그런데 별을 보려면 반드시 깊은 밤에 일어나 하늘을 보는 수고를 해야 한다.

하나님이 당신에게 레몬을 준다면 레모네이드를 만들어 목말라 불평하고 있는 모든 사람에게 팔라.

- 나폴레온 힐 -

| 기적을 만드는 말씀 |

그들이 평온함으로 말미암아 기뻐하는 중에 여호와께서 그들이 바라는 항구로 인도 하시는도다 - (시편 107:30)

| 기적을 만드는 기도 |

현실을 넘어서는 믿음을 허락하신 하나님 아버지, 내가 그 믿음의 주인공이 될 수 있게 하소서. 저는 현실에 얽매이지 않겠습니다. 불평으로 아까운 시간을 낭비하지 않겠습니다. 내게 주신 디딤돌을 딛고 점프하겠습니다. 마침내 내가 소원하던 항구에 도달하게 하시는 하나님의 축복을 경험하겠습니다. 나의 꿈의 근원이신 하나님을 찬양합니다. 예수님의 이름으로 기도합니다. 아멘.

| 기적을 만드는 선포 |

내 사랑하는 아이야, 현실을 보면 넘어질 수밖에 없단다. 지금 네가 받은 성적은 절대 너의 미래가 아니야. 네 미래는 그것보다 훨씬 크고, 놀라운 거야. 네가 만약 꿈과 현실을 분리하지 않으면 네 꿈은 곧 현실이 될 거야. 이제 네가 해야 할 일은 현실이 될 거라고 믿고, 큰 꿈을 꾸는 거야. 넌 잘할 거야. 진짜 잘할 거야. 넌 잘될 거야. 사랑한다. 축복한다. 내 아이야.

꿈꾸는 자가 결국 승리의 깃발을 흔든다

승리는 물리력의 결과가 아니다. 가진 자가 이기는 자가 된다고? 그건 착각이다. 승자는 꿈이 무엇인지를 알고, 그 꿈을 버리지 않는 사람이다. 어떤 순간에도 꿈이 자신의 행동과 결정을 지배하게 한다면 그 사람은 승자가 된다. 나는 그런 사람이다. 나는 승자다.

도움이 아니라 장애가, 편의가 아니라 난관이 인간을 만든다는 말은 아무리 반복해도 지나치지 않는다.

- W. 매튜 -

| 기적을 만드는 말씀 |

우리가 너의 승리로 말미암아 개가를 부르며 우리 하나님의 이름으로 우리의 깃발을 세우리니 여호와께서 네 모든 기도를 이루어 주시기를 원하노라 - (시편 20:5)

| 기적을 만드는 기도 |

이미 나에게 승리의 노래를 부르게 하신 하나님 아버지, 나에게 멋진 미래를 보여 주시니 감사합니다. 승리의 노래를 내 입에 담아 주시니 감사합니다. 내 눈을 들어 미래를 보게 하시니 감사합니다. 담대하게 내 미래를 외치게 하시니 감사합니다. 승리의 깃발을 흔들어 하나님의 하나님 되심을 증거 하게 하시니 감사합니다. 승리를 주신 닛시의 하나님을 찬양하고 찬양합니다. 예수님의 이름으로 기도합니다. 아멘.

| 기적을 만드는 선포 |

내 사랑하는 아이야, 절대 현재를 보지 말거라. 하나님은 이미 너를 승자의 자리로 초대하셨단다. 그걸 꿈꾸고 믿어야 한다. 어떤 순간에도 너의 꿈이 너의 행동과 결정을 지배하게 하렴. 그러면 승리의 깃발을 흔드는 인생이 될 수 있단다. 너는 그런 사람이다. 너는 승자다. 하나님은 너의 입술에 승리의 노래를 담아 주셨단다. 넌 잘될 거야. 사랑한다. 축복한다. 내 아이야.

무조건 축복하라

나는 나를 축복한다. 무조건 축복한다. 내가 가진 조건 따위는 스스로를 축복하는 데 어떤 방해도 될 수 없다. 내 뇌가 그렇게 받아들일 때까지 무조건 축복할 것이다. 나를 위협하는 조건은 단지 숫자에 불과할 뿐이다.

적다고 불평하지 말라. 내가 세계를 정복하는 데 동원한 몽골 병사는 적들의 1,200의 1에 불과했다. 꿈이 있다면 숫자는 단지 숫자일 뿐이다.

- 칭기즈칸 -

| 기적을 만드는 말씀 |

예수께서 떡 다섯 개와 물고기 두 마리를 가지사 하늘을 우러러 축사하시고 떼어 제자들에게 주어 무리에게 나누어 주게 하시니 먹고 다 배불렀더라 - (누가복음 9:16-17)

| 기적을 만드는 기도 |

무에서 유를 창조하시는 하나님 아버지, 무도 하나님의 눈으로 보면 유가 되고, 유도 인간의 눈으로 보면 무가 되는 이치를 깨닫게 하시니 감사합니다. 저는 아무것도 없습니다. 하지만 모든 것을 가졌습니다. 무에서 유를 만드는 하나님이 내 하나님이기 때문입니다. 오늘부터 나를 축복합니다. 무조건 축복합니다. 하나님이 내게 축복하셨던 것처럼 축복합니다. 예수님의 이름으로 기도합니다. 아멘.

| 기적을 만드는 선포 |

내 사랑하는 아이야, 너를 무조건 축복한다. 너는 잘될 거야. 반드시 승리를 거둘 거야. 이미 하나님이 그렇게 결정해 놓으셨단다. 하나님의 결정을 받아들이렴. 하나님은 너를 통해 하나님의 역사를 만들어가실 것이고, 너는 그 역사의 주인공으로 선택되었단다. 그 사실을 알고 아빠, 엄마가 얼마나 기뻤는지 알겠니? 너는 큰일을 행하고 반드시 승리를 거둘 것이니 그렇게 알렴. 넌 잘될 거야. 사랑한다. 축복한다. 내 아이야.

미래를 꿈꾸는 사람은 현재의 고난을 이긴다

고난을 부정하지는 않겠다. 고난을 피하는 것은 내 방식이 아니다. 아무리 힘들어도 고난을 대항할 것이다. 한방 맞고 넘어져도 흔들리지 않는 내 꿈이 나를 다시 일으켜 세울 것이다. 내 미래는 현재 고난과 비교할 수 없는 영광이다.

낮에 꿈꾸는 사람은 밤에만 꿈꾸는 사람에게는 찾아오지 않는 많은 것을 알고 있다.

- 에드가 앨런 포 -

| 기적을 만드는 말씀 |

생각하건대 현재의 고난은 장차 우리에게 나타날 영광과 비교할 수 없도다 - (로마서 8:18)

| 기적을 만드는 기도 |

내 미래의 소망이신 하나님 아버지, 지금은 고난이 나를 짓누르는 것 같습니다. 하지만 저는 끄떡도 안 할 겁니다. 이미 하나님은 나의 미래를 정하셨습니다. 재앙이 아니요 평안과 장래 희망으로 나의 미래를 정하셨습니다. 나는 꿈의 사람입니다. 내 생각은 현재의 고난에 머물지 않습니다. 나는 장차 하나님이 주실 영광만을 생각할 것입니다. 내 생각의 주인이신 하나님, 찬양합니다. 예수님의 이름으로 기도합니다. 아멘.

| 기적을 만드는 선포 |

내 사랑하는 아이야, 잘하고 있단다. 네가 정말 자랑스럽구나. 박수쳐 주고 싶어. 꿈을 잃어버리지 않고 오늘 하루도 최선을 다하는 네가 정말 멋지다. 아빠, 엄마는 그런 너를 응원할 거야. 너의 미래는 어떤 말로도 표현할 수 없는 놀라움의 연속이 될 거야. 하나님은 네게 영광의 미래를 준비하셨단다. 넌 잘될 거야. 사랑한다. 축복한다. 내 아이야.

D-day
51
Meditation 100 days
to create a miracle-Parents

CHARITY···

D-day (51~45)

모든 문제의 원인은 욕심이다

그거 하나쯤 없어도 내가 어찌 되는 건 아니다. 작은 것에 매달려 시간을 낭비하는 것이 진짜 낭비다. 하나님이 내게 주신 것이 겨우 그거 하나뿐일까? 눈을 뜨자. 더 놀라운 것이 감춰져 있다. 인생이란 숨은 그림 찾기다.

가득 찬 컵에는 더 이상 담을 수 없다. 더 부어봐야 흘러넘치기만 할 뿐이다.

- 포르테우스 -

| 기적을 만드는 말씀 |

오직 각 사람이 시험을 받는 것은 자기 욕심에 끌려 미혹됨이니 욕심이 잉태한즉 죄를 낳고 죄가 장성한즉 사망을 낳느니라

- (야고보서 1:14-15)

| 기적을 만드는 기도 |

내게 큰 생각을 하게 하시는 하나님 아버지, 편협한 생각에 매여 하나님이 주실 커다란 선물을 잃어버렸던 적이 얼마나 많은지요. 생각해 보니 하나님은 큰 생각을 넣어 주셨는데 저는 항상 눈앞의 적은 이익에 매여 있었습니다. 이런 내게 다시 한 번 큰 생각을 허락하셔서 감사합니다. 하나님이 주시는 큰 생각으로 큰 복을 얻게 하소서. 그리고 내게 주신 복이 다른 사람에게도 흘러가게 하소서. 예수님의 이름으로 기도합니다. 아멘.

| 기적을 만드는 선포 |

내 사랑하는 아이야, 너의 경쟁 상대는 네 친구가 아니란다. 네 경쟁 상대는 바로 너 자신이야. 너를 편협하게 만드는 생각을 떨쳐 버리는 사람이 큰사람이란다. 하나님은 이미 네게 큰 생각을 주셨어. 마귀가 주는 작은 생각을 떨쳐 버리고 하나님이 주신 큰 생각에 올라타면 너는 그 누구보다 큰사람이 될 수 있단다. 넌 잘될 거야. 사랑한다. 축복한다. 내 아이야.

나누어 주면 행복해진다

조금 더 가져 행복해진다고 생각한다면 그것처럼 어리석은 생각은 없다. 행복은 가진다고 생기는 것이 아니다. 진정한 행복은 나눌 때 찾아온다. 받는 사람보다 주는 사람이 행복하다. 잘 주는 사람에게 하나님은 잘 주신다. 내가 나누어 준 것보다 훨씬 많이 주신다.

하나님은 생각을 다스릴 수 있는 능력을 주셨다. 그것에 실패한다면 그 어떤 것도 다스리지 못하리라 확신해도 좋다.

- 나폴레온 힐 -

| 기적을 만드는 말씀 |

주라 그리하면 너희에게 줄 것이니 곧 후히 되어 누르고 흔들어 넘치도록 하여 너희에게 안겨 주리라 너희가 헤아리는 그 헤아림으로 너희도 헤아림을 도로 받을 것이니라 - (누가복음 6:38)

| 기적을 만드는 기도 |

풍성하게 내려 주시는 하나님 아버지, 저에게 나눌 수 있는 풍요를 주시니 감사합니다. 하나님은 제가 많이 있기 때문에 풍요한 것이 아니라 나눌 수 있기 때문에 풍요해진다는 것을 알게 하셨습니다. 하나님께서 내게 무엇을 주셨든지 그것을 더 풍성하게 만드는 것은 저의 몫입니다. 하나님이 제게 기대하시는 것처럼 나눔으로 더 큰 풍요를 만들어 가기를 원합니다. 저 때문에 더 많은 사람이 행복해지기를 소망합니다. 예수님의 이름으로 기도합니다. 아멘.

| 기적을 만드는 선포 |

내 사랑하는 아이야, 풍요의 시작은 감사에서 부터란다. 너에게 주신 것이 무엇이든지 그것에 감사하면 풍요는 더욱 늘어날 거야. 네가 풍요롭게 된다면 하나님께서 너에게 그것을 왜 주셨는지 생각해 보았으면 좋겠구나. 너 때문에 행복해할 사람들이 더 많아졌으면 좋겠다. 너의 나눔으로 세상이 더 밝아질 거라고 아빠, 엄마는 믿는다. 너는 하나님의 행복전령사가 될 거야. 넌 잘될 거야. 사랑한다. 축복한다. 내 아이야.

기쁜 소식을 전하는 나는 행복자

나만을 행복하게 하는 데 나의 인생 전체를 쓰지 않겠다. 그렇게 써 버리기에는 내 인생이 너무 아깝다. 나 때문에 행복해하는 사람들을 위해 내가 가진 것을 사용하고 싶다. 내 주머니가 아닌 다른 사람들의 주머니를 채울 때 얻는 기쁨을 누리고 싶다. 그게 행복이다.

진정한 행복은 한 가지 목적을 위해 헌신적으로 노력하는 중에 만난다.

- 존 메이슨 브라운 -

| 기적을 만드는 말씀 |

먼 땅에서 오는 좋은 기별은 목마른 사람에게 냉수와 같으니라

- (잠언 25:25)

| 기적을 만드는 기도 |

하나님의 기쁜 소식을 전하는 전령사로 불러 주신 하나님 아버지, 제가 무엇이관데 하나님의 영광의 도구가 될 수 있겠습니까? 나를 통해 누군가가 하나님을 만났다는 것은 내게 엄청난 기쁨입니다. 그 기쁨을 누리는 것만으로도 감사한데 감당할 수 없는 상까지 나를 위해 예비하셨으니 어떻게 내 마음을 표현해야 할까요? 정말 감사합니다. 그리고 내게 이런 놀라운 은혜를 주신 하나님을 소리 높여 찬양합니다. 예수님의 이름으로 기도합니다. 아멘.

| 기적을 만드는 선포 |

내 사랑하는 아이야, 네가 오늘 살아가는 이유는 하나님이 주신 기쁜 소식을 사람들에게 전하기 위함이란다. 얼마 후면 하나님은 너에게 은총을 주셔서 아빠, 엄마에게 기쁜 소식을 전하게 될 거야. 그리고 앞으로 살아가는 내내 너를 만나는 사람들에게 항상 기쁜 소식만 전하는 복음의 전령사가 될 거야. 너는 사람들을 행복하게 만드는 능력을 받은 사람이야. 네가 존재한다는 것만으로도 기쁨을 주는 사람이야. 먼저 아빠, 엄마가 그렇게 생각하고 있어. 넌 잘될 거야. 사랑한다. 축복한다. 내 아이야.

외모? 나의 선택은 중심이다

세상이 온통 짱 열풍이다. 몸짱, 얼짱, 키짱. 그런데 세상 짱은 하나같이 외모와 관계가 있다. 사람의 내면에는 관심이 없다. 하지만 나는 세상의 짱에게 관심 없다. 내 선택은 중심이다. 하나님처럼 사람의 중심을 볼 것이다. 그게 내 배짱이다.

우리가 죽어 천국에 가면 하나님은 왜 그를 살리지 못했냐고 묻지 않을 것이다. 그 순간에 왜 내 마음을 품지 못했냐고 물으실 것이다.
- 엘리 비젤 -

| 기적을 만드는 말씀 |

불의를 행하는 자는 불의의 보응을 받으리니 주는 사람을 외모로 취하심이 없느니라 - (골로새서 3:25)

| 기적을 만드는 기도 |

중심을 보시는 하나님 아버지, 세상 사람들은 외모를 중요하게 여깁니다. 저도 세상 사람인가 봅니다. 눈에 보이는 것에 마음이 갑니다. 내아이가 남들이 좋다고 하는 대학에 들어갔으면 하는 마음이 간절합니다. 그런데 오늘 말씀을 통해 어떤 대학에 가는지가 중요한 것이 아니라 무엇이든 하실 수 있는 하나님이 중요하다는 것을 깨닫습니다. 깨달은 대로 살겠습니다. 하나님처럼 껍데기가 아닌 중심만을 보겠습니다. 하나님은 정말 존귀하신 분입니다. 내 중심을 보시는 하나님을 찬양합니다. 예수님의 이름으로 기도합니다. 아멘.

| 기적을 만드는 선포 |

내 사랑하는 아이야, 지금 네가 가진 것이 비록 보잘것없어 보여도 절대 실망할 필요 없어. 하나님은 무엇이라도 보석처럼 빛나게 만드실 수 있는 분이지. 그리고 그 하나님은 네가 무엇을 가졌는지는 별로 관심이 없단다. 하나님의 관심은 오직 너의 중심이야. 네 중심이 흔들리지 않으면 하나님은 너를 통해 하나님을 드러내실 거야. 하나님이 네 중심을 통해 세상에 드러나면 너는 가장 환하게 빛나는 별이 되는 거야. 너는 스타야. 넌 잘될 거야. 사랑한다. 축복한다. 내 아이야.

나누면 줄어드는 것이 과학이다. 그러나 과학을 뛰어넘는 것
이 사랑이다. 사랑으로 나누면 줄어들지 않고 더 많아진다.
떡 다섯 조각, 물고기 두 마리로 5천 명이 먹고도 남은 것을 기억하자.
지금도 그렇다. 사랑으로 나누면 그때부터는 기적이 된다.

사랑은 에너지다. 사랑은 궁극적으로 생명을 낳는 기적을 만든다.
- 스마일리 블랜톤 -

| 기적을 만드는 말씀 |

선을 행하고 선한 사업을 많이 하고 나누어 주기를 좋아하며 너그
러운 자가 되게 하라 이것이 장래에 자기를 위하여 좋은 터를 쌓아
참된 생명을 취하는 것이니라 - (디모데전서 6:18-19)

 | 기적을 만드는 기도 |

나를 청지기로 부르신 하나님 아버지, 나누는 것이 그리 쉽지 않습니다. 손에 움켜쥐고 미래를 대비해야 할 것 같은 마음이 앞섭니다. 그런데 한편으로는 내가 나눌 때 곱해서 내게 주실 하나님에 대한 믿음도 분명히 있습니다. 하나님께서 나의 마음을 다스려 주소서. 나누어 주어도 더 많은 것으로 채워 주시는 하나님이 내 하나님이라는 믿음에 더 견고하게 서게 하여 주소서. 말씀대로 선을 행하여 미래의 내 그루터기에 생명을 쌓아 가기를 원합니다. 예수님의 이름으로 기도합니다. 아멘.

| 기적을 만드는 선포 |

내 사랑하는 아이야, 마음이 많이 조급하겠구나. 얼마나 힘들까 생각하니 아빠, 엄마 마음도 움츠러든단다. 하지만 내 아이야. 얼마 남지 않았다는 조급함 때문에 여유를 잃지 않기를 바란다. 마귀는 너의 그 조급한 마음을 이용하려고 할 거야. 이럴 때일수록 주변을 돌아보는 여유가 필요하단다. 너의 도움이 필요한 사람에게 손을 내밀 때 네 마음에 넉넉함이 생길 거야. 그럴 때 하나님의 은총도 임하는 거란다. 넌 잘될 거야. 사랑한다. 축복한다. 내 아이야.

예수님은 죽기 위하여 이 땅에 오셨다

예수님의 목표는 죽는 것이었다. 예수님은 죽기 위하여 이 땅에 오셨다. 예수 사람인 나도 죽기 위해 살아야 한다. 무엇을 얻고, 누리는 것이 내 목표라면 그건 예수님과는 다른 삶이다. 급진적으로 바뀌어야 한다. 사람들이 이상하다고 말할 만큼 급진적이어야 한다.

세상에서 사랑보다 강한 것이 있을까?

- 이고르 스트라빈스키 -

| 기적을 만드는 말씀 |

인자가 온 것은 섬김을 받으려 함이 아니라 도리어 섬기려 하고 자기 목숨을 많은 사람의 대속물로 주려 함이니라 - (마태복음 20:28)

| 기적을 만드는 기도 |

사랑하는 독생자를 대속물로 주신 하나님 아버지, 예수님이 바로 나 때문에 이 땅에 오셨고, 나 때문에 죽으셨다는 것만 생각하면 죄송한 마음과 감사한 마음이 내 심령을 가득하게 채웁니다. 그 큰 사랑을 주신 이유가 도대체 무엇일까요? 그 사랑을 전하라고 나에게 그 큰 사랑 주신 줄 믿습니다. 하나님의 사랑은 나에게 전해야 할 가치가 되었습니다. 외치지 않고는 견딜 수 없는 가치가 되었습니다. 내게 그 숭고한 가치를 깨닫게 하시니 감사합니다. 주님, 사랑합니다. 예수님의 이름으로 기도합니다. 아멘.

| 기적을 만드는 선포 |

내 사랑하는 아이야, 너는 세상에서 가장 가치 있고, 존귀한 사람이란다. 너를 위하여 고귀한 예수님의 생명을 주신 것만 봐도 네가 얼마나 가치 있는 사람이라는 것을 알 수 있단다. 예수님이 너를 위하여 고귀한 피를 흘려주신 것처럼 너도 네게 있는 고귀한 것들을 사람들과 나누는 작은 예수가 되면 좋겠구나. 아빠, 엄마는 너를 위하여 흘려주신 예수님의 피가 네 모든 재능을 덮어 이 땅에서 예수님처럼 살기를 기도 한단다. 넌 잘될 거야. 사랑한다. 축복한다. 내 아이야.

하나님은 내가 아름다운 영적 존재가 되기를 원하신다. 그러나 마귀는 어떻게든지 나를 괴물로 만들려고 한다. 나는 둘 중 하나를 결정해야 한다. 머리 되신 예수님을 따라 아름다운 존재가 될 것인지, 아닌지. 내가 예수님을 따라가면 마귀는 패배하게 된다.

근자열 원자래(近者悅 遠者來), 가까이 있는 사람을 존중해야 멀리 있는 사람이 찾아온다.

- 공자 -

| 기적을 만드는 말씀 |

오직 사랑 안에서 참된 것을 하여 범사에 그에게까지 자랄지라 그는 머리니 곧 그리스도라 - (에베소서 4:15)

| 기적을 만드는 기도 |

나의 머리 되신 예수님, 예수님을 따라 살기로 내 마음에 결정합니다. 나의 마음은 정해졌습니다. 아름다운 영적 존재로 살아가기로 결정했습니다. 마귀가 어떤 꼬임으로 나를 결박하려 해도 나는 단호히 거절할 것입니다. 오직 주님의 말씀만이 나의 행동을 결정지을 수 있습니다. 언제나 하나님만을 생각하며, 마귀에게 어떠한 틈도 주지 않겠습니다. 사랑하라고 하시며, 용서하라고 하시는 하나님의 말씀이 내 행동 기준이 될 것입니다. 예수님의 이름으로 기도합니다. 아멘.

| 기적을 만드는 선포 |

내 사랑하는 아이야, 아빠, 엄마는 네가 사랑의 사람이 되기를 간절히 원한단다. 성적 조금 잘 받는 것 보다 예수님처럼 이 땅을 사는 것이 더 값진 것임을 알게 되었으면 좋겠구나. 아무리 바빠도 내가 사랑해야 할 사람에게서 눈을 돌리지 않았으면 좋겠어. 생각과 행동의 기준이 사랑이었으면 좋겠어. 너로 인해 세상이 따뜻해졌으면 좋겠어. 넌 잘될 거야. 사랑한다. 축복한다. 내 아이야.

FORGIVE···

Meditation **100** days
to create a miracle-**P**arents

D-day (44~38)

묶인 것은 풀어 버리자

하나님의 가슴이 사랑이라면 하나님의 손은 용서다. 사랑은 가슴에서 시작되어 손에서 끝난다. 사랑하기로 마음먹는 것에서 멈춰선다면 사랑이 아니다. 그건 결심일 뿐이다. 사랑하기로 결정했다면 용서의 손을 내밀어야 한다. 행동하는 사랑이 진짜다.

다른 사람을 용서하지 못하는 것은 곧 자신이 건너야 할 다리를 무너뜨리는 것이다.

- 세버리의 허버트 경 -

| 기적을 만드는 말씀 |

너희가 사람의 잘못을 용서하면 너희 하늘 아버지께서도 너희 잘못을 용서하시려니와 너희가 사람의 잘못을 용서하지 아니하면 너희 아버지께서도 너희 잘못을 용서하지 아니하시리라

- (마태복음 6:14-15)

| 기적을 만드는 기도 |

사랑의 마음과 용서의 손을 가지신 하나님 아버지, 나에게도 사랑의 마음과 용서의 손을 주소서. 내 반대편에 있는 사람이 저주의 대상이 아닌 용서의 대상이 되게 하소서. 그래서 하나님의 사랑이 나에게서 배어나오게 하소서. 때로는 용서하기 힘든 사람을 대할 때가 있습니다. 그때 내 감정에 휘둘리지 않고, 헤아릴 수 없이 넓은 하나님의 마음이 내 마음 되게 하소서. 예수님의 이름으로 기도합니다. 아멘.

| 기적을 만드는 선포 |

내 사랑하는 아이야, 용서한다는 것은 너를 살리는 행위란다. 네가 누군가를 용서하면 처음에는 용서의 대상이 살아나지만 결국은 용서하고 있는 네가 더욱 살아나는 것을 느끼게 될 거야. 이 글을 읽다가 혹시 네 마음을 상하게 한 사람이 떠오르거든 이렇게 소리치렴. "내가 다 용서했다고!" 속이 시원해지고, 머리가 맑아지게 될 거야. 그렇게 외쳤니? 잘했다. 넌 잘될 거야. 사랑한다. 축복한다. 내 아이야.

용서는 남이 아니라 자신을 위해 하는 것이다. 복수해 봐야 남는 것은 불안뿐이다. 그러나 용서는 잠깐 손해 본 것 같고, 속상할지 모르지만 우선 마음을 편하게 만든다. 그리고 용서하면 후일에 닥칠 화도 면하게 한다.

용서가 없는 인생은 끊임없는 원한과 복수의 악순환이 계속될 뿐이다.

- 로베르토 아사지올라 -

| 기적을 만드는 말씀 |

비판하지 말라 그리하면 너희가 비판을 받지 않을 것이요 정죄하지 말라 그리하면 너희가 정죄를 받지 않을 것이요 용서하라 그리하면 너희가 용서를 받을 것이요 - (누가복음 6:37)

| 기적을 만드는 기도 |

나를 용서하사 백성으로 삼으신 하나님 아버지, 하나님은 예수님의 보혈을 주시면서까지 저를 용서하셨습니다. 저는 그 용서로 인하여 하나님의 백성이 되었습니다. 그런데 저는 나를 비난하는 이들에게 용서로 다가서지 못했습니다. 갚을 수 없는 용서를 받았음에도 형제의 작은 허물을 용서 못했습니다. 그래서 평안을 얻지 못했나 봅니다. 주님, 내 마음을 다스려 주소서. 하나님이 나를 용서하심 같이 나도 형제를 용서하는 넉넉함을 주소서. 용서함으로 내게는 평안을, 형제에게는 그리스도의 사랑을 전하기를 원합니다. 예수님의 이름으로 기도합니다. 아멘.

| 기적을 만드는 선포 |

내 사랑하는 아이야, 아빠, 엄마가 세상을 살아 보니 용서는 남을 위한 것이 아니더구나. 용서는 바로 나 자신을 위한 거야. 네가 억울하고 속상해서 미워하는 마음을 가지면 네 마음이 먼저 힘들게 된단다. 그런데 손해 본 것 같더라도 용서하면 그때부터 너에게 평안이 찾아올 거야. 지금은 중요한 시기잖니? 네 마음이 평안하면 시험 결과도 평강이될 거야. 잘할 줄 믿어. 넌 잘될 거야. 사랑한다. 축복한다. 내 아이야.

용서에는 제한이 없다

용서는 말이 아니다. 용서는 마음이다. 말로 주고받아서 끝날 용서라면 얼마든지 할 수 있다. 하지만 그렇게는 안 된다. 용서는 용서의 대상만 받아들인다고 끝나는 것이 아니기 때문에 말로 해결되지 않는다. 용서는 상대방이 인정하는 것이 아니라 내가 인정해야 끝난다. 그래서 쉽지 않다. 하지만 용서할 수 있다면 용서하는 자와 용서받는 자 모두가 행복해 질 수 있다.

복수를 계획했다면 두 개의 무덤을 파라. 하나는 원수의 것이고, 하나는 당신의 것이다.

- 공자 -

| 기적을 만드는 말씀 |

만일 하루에 일곱 번이라도 네게 죄를 짓고 일곱 번 네게 돌아와 내가 회개하노라 하거든 너는 용서하라 하시더라

- (누가복음 17:4)

| 기적을 만드는 기도 |

나에게 용서를 깨닫게 하신 하나님 아버지, 용서라는 것이 남을 위한 것인 줄 알았습니다. 그런데 용서는 바로 나 자신을 위한 선물이군요. 용서하라고 하셨을 때 손해 보는 건 줄 알았는데 용서는 내가 가장 행복하게 되는 비결임을 깨닫습니다. 하나님이 주신 선물, 용서를 가장 먼저 나에게 나누어 주겠습니다. 그리고 내 용서가 필요한 사람들에게 나누어 주겠습니다. 아낌없이 주겠습니다. 주님 사랑합니다. 예수님의 이름으로 기도합니다. 아멘.

| 기적을 만드는 선포 |

내 사랑하는 아이야, 하나님께서 너에게 원하시는 것이 무엇인지 생각해 봤니? 좋은 대학에 들어가 출세하는 걸까? 하나님이 원하시는 것은 네가 이 세상에서 예수님처럼 사는 것 아닐까? 만약 네가 예수님처럼 살기 원한다면 너에게 꼭 필요한 것이 있단다. 용서하는 마음이야. 예수님이 십자가에서 마지막 죽는 순간까지 하셨던 것은 용서하신 일이거든. 네가 용서하면 하나님께서 예수님을 기뻐하셨던 것처럼 너를 기뻐하실 거야. 그리고 네가 기뻐하는 선물도 주시리라 믿는다. 넌 잘될 거야. 사랑한다. 축복한다. 내 아이야.

용서는 지혜의 보물 상자

용서할 사람이 있다면 무조건 용서해야 한다. 내가 용서해도 그는 눈곱만큼도 변하지 않을지도 모른다. 그럼에도 불구하고 용서한다면 나를 보는 하나님의 마음이 바뀔 것이다. 내 죄도 사하실 것이다. 내가 용서하여 내 죄를 용서받는다면 진짜 남는 장사다.

약자는 절대 누군가를 용서할 수 없다. 용서는 강자의 특권이다.
- 마하트마 간디 -

| 기적을 만드는 말씀 |

서서 기도할 때에 아무에게나 혐의가 있거든 용서하라 그리하여야 하늘에 계신 너희 아버지께서도 너희 허물을 사하여 주시리라 하시니라 - (마가복음 11:25)

| 기적을 만드는 기도 |

용서하는 자에게 지혜를 주시는 하나님 아버지, 내 마음을 다스려 주소서. 나를 힘들게 하는 사람을 만났을 때 내게 넓은 마음을 허락해 주소서. 하나님은 용서하는 사람이 용서받는다고 하셨습니다. 내가 누군가를 용서해야 할 상황에 놓일 때 내 죄를 생각나게 하셔서 내 마음을 겸허하게 하여 주소서. 내가 용서하면 그보다 더 큰 내 죄가 사해진다는 확신이 넘치게 하여 주소서. 예수님의 이름으로 기도합니다. 아멘.

| 기적을 만드는 선포 |

내 사랑하는 아이야, 아빠, 엄마는 네가 지혜로운 아이가 되기를 원한단다. 그런데 성경에는 네가 지혜롭게 되는 법이 나와 있는데 그건 용서하는 거야. 용서는 하나님의 가장 멋진 모습이란다. 하나님은 우리가 하나님을 닮아가기를 원하셔. 아빠, 엄마가 우리를 닮은 너를 기뻐하듯이 하나님도 하나님 닮은 너를 기뻐하신단다. 그리고 지혜와 형통으로 인도해 주신단다. 너는 꼭 하나님께 사랑받을 거야. 넌 잘될 거야. 사랑한다. 축복한다. 내 아이야.

복수는 하나님의 영역이다

하나님이 기뻐하는 사람은 주권의식이 분명한 사람이다. 내 마음대로 하나님의 영역을 넘는 것은 불신이다. 하나님께 맡겨야 한다. 비록 그것이 잠시 나를 억울하게 할지 모르지만 참고 견뎌야 한다. 그러면 반드시 하나님이 행하신 일을 보게 될 것이다.

복수는 자신을 원수와 같은 수준으로 만든다. 그러나 용서는 원수보다 위에 서게 한다.

- 프란시스 베이컨 -

| 기적을 만드는 말씀 |

내 사랑하는 자들아 너희가 친히 원수를 갚지 말고 하나님의 진노하심에 맡기라 기록되었으되 원수 갚는 것이 내게 있으니 내가 갚으리라고 주께서 말씀하시니라 - (로마서 12:19)

| 기적을 만드는 기도 |

말씀으로 나를 깨우시는 하나님 아버지, 심판은 하나님의 영역입니다. 저는 하나님의 주권을 인정하기로 결정했습니다. 비록 억울한 일을 만나도 하나님은 반드시 선하게 결말지으시는 분이라는 것을 의심치 않습니다. 믿음으로 기다리겠습니다. 답답할 때 내 입을 열어 기도하게 하소서. 하나님은 지금도 살아 나를 돕는 분이라고 내 입술로 고백하게 하소서. 하나님의 능력을 믿습니다. 내 하나님, 당신을 믿습니다. 예수님의 이름으로 기도합니다. 아멘.

| 기적을 만드는 선포 |

내 사랑하는 아이야, 용서는 지는 것이 아니란다. 이길 수 있지만 져주는 거야. 용서는 강하고, 수준 높은 사람만이 할 수 있는 거니까. 아빠, 엄마는 네가 큰사람이 되었으면 좋겠다. 작은 일에 분노하며 어쩔 줄 몰라하는 소인이 아니라 큰마음으로 세상을 품는 대인이 되기를 기도한단다. 세상은 그런 사람을 기다리고 있단다. 공부 잘하는 사람은 많지만 마음이 큰 사람은 그리 많지 않아. 네가 그런 사람이 되렴. 넌 잘될 거야. 사랑한다. 축복한다. 내 아이야.

미움으로 손해 보는 사람은 단 한 사람이다. 미워하고 있는 나 자신이다. 상대는 내가 자기를 미워하고 있다는 것을 알지도 못한다. 설령 안다 할지라도 그것 때문에 고통당하지 않는다. 고통은 나만 당할 뿐이다. 나 자신을 위해서라도 용서하는 것이 지혜로운 것이다.

진실로 시간이 귀한 줄을 아는 현명한 자는 용서함에 있어 지체하지 않는다. 왜냐하면 용서하지 못하는 불필요한 고통으로 말미암아 헛된 허비하지 않기 때문이다.

- 사무엘 존슨 -

| 기적을 만드는 말씀 |

누가 누구에게 불만이 있거든 서로 용납하여 피차 용서하되 주께서 너희를 용서하신 것 같이 너희도 그리하고 이 모든 것 위에 사랑을 더하라 이는 온전하게 매는 띠니라 - (골로새서 3:13-14)

| 기적을 만드는 기도 |

나의 마음을 넓게 하시는 하나님 아버지, 나 자신에게는 엄격하지만 상대방에게는 관대한 사람이 되게 하여 주소서. 어떤 용서에도 사랑을 더하여 용서의 완전함이 내게 있게 하소서. 누구든지 내게 용서를 구할 때 사랑을 더하여 용납하게 하소서. 내가 온전치 않음에도 나를 용서하시고 받아들이셨던 예수님의 마음이 내 마음을 가득 채우게 하소서. 누구라도 나를 통하여 하나님의 용서를 발견하게 하소서. 예수님의 이름으로 기도합니다. 아멘.

| 기적을 만드는 선포 |

내 사랑하는 아이야, 용서하려는 너를 볼 때마다 큰사람이 되는 것 같아 행복하구나. 적은 일에 매여 하나님이 너에게 주신 크고 놀라운 비밀을 놓쳐 버리지 않으니 얼마나 기특한지 모르겠단다. 네가 용서하면 하나님은 사랑과 은혜로 채워 주실 거야. 그래서 너로 하여금 세상에 하나님의 용서와 사랑이 드러나게 하시고, 너를 존귀한 사람으로 세우실 거야. 넌 잘될 거야. 사랑한다. 축복한다. 내 아이야.

나는 큰 사람이 되고 싶다

남의 문제 지적하는 데 귀한 시간 쓰고 싶지 않다. 하나님이 내게 주신 고귀한 시간은 나를 고치고, 나를 발전시키는 데 쓸 뿐이다. 누군가 내게 와서 내 문제를 지적한데도 거기에 휘말리지 않겠다. 나는 깊은 강이다. 아무리 돌을 던져도 나는 그 돌까지 삼켜 버릴 것이다.

깊은 강에는 돌을 던져도 조용하다. 그러나 웅덩이는 돌멩이 하나 에도 흙탕물로 변한다.

- 사디 -

| 기적을 만드는 말씀 |

너는 네 눈 속에 있는 들보를 보지 못하면서 어찌하여 형제에게 말 하기를 형제여 나로 네 눈 속에 있는 티를 빼게 하라 할 수 있느냐 외식하는 자여 먼저 네 눈 속에서 들보를 빼라 그 후에야 네가 밝 히 보고 형제의 눈 속에 있는 티를 빼리라 - (누가복음 6:42)

| 기적을 만드는 기도 |

먼저 자신을 돌아보기를 원하시는 하나님 아버지, 저는 다른 사람의 잘못을 쉽게 발견하는 비상한 눈을 가지고 있습니다. 그러면서도 나 자신의 잘못은 보지 못하는 이상한 눈을 가졌습니다. 그래서 내게 있는 대들보 같은 문제는 티끌처럼 여기고, 남의 티끌 같은 문제는 대들보만큼 크게 보는 죄인입니다. 하나님께서 내 눈을 만져 주십시오. 성령님께서 내 눈을 고쳐 주십시오. 내 문제는 크게 보이고 다른 사람의 문제는 작게 보이도록 내 눈을 다스려 주소서. 예수님의 이름으로 기도합니다. 아멘.

| 기적을 만드는 선포 |

내 사랑하는 아이야, 혹시 다른 사람의 문제가 눈에 잘 들어온다면 너는 정말 예민한 눈을 가진 거란다. 다만 그 예민한 눈을 이제는 네 문제를 보는데 사용해 보렴. 역사를 움직였던 사람은 자기 문제를 잘 발견하는 눈을 가진 사람이란다. 자기의 문제가 무엇인지 깨닫고 그걸 고쳤던 사람이 역사를 움직이는 주인공이 된 거지. 아빠, 엄마는 네가 미래의 역사를 움직이는 큰사람이 되었으면 좋겠구나. 남의 문제를 지적하는 데 시간을 낭비하지 말고, 네 문제를 고치는 데 귀한 시간을 선용하기를 바란다. 넌 잘될 거야. 사랑한다. 축복한다. 내 아이야.

D-day
37

Meditation 100 days
to create a miracle-Parents

SHARING...

Part 10

나눔

Meditation **100** days
to create a miracle-**P**arents

D-day (37~31)

세상을 거슬러 올라가라

강물을 거슬러 오르는 연어는 목적지에 도달했을 때 상처투성이가 된다. 거슬러 오르는 동안 수없는 장애물을 넘어야 했기 때문이다. 하지만 연어는 거슬러 오르는 길을 멈추지 않는다. 역행 끝에서 생명이 탄생한다는 신비를 알기 때문이다. 나도 역행 인생이 되고 싶다.

내가 먼저 다른 사람을 축복하면 항상 더 많은 축복이 나에게로 돌아올 것이다.

- 마리앤 윌리엄스 -

| 기적을 만드는 말씀 |

너는 네 떡을 물 위에 던져라 여러 날 후에 도로 찾으리라 일곱에게나 여덟에게 나눠 줄지어다 무슨 재앙이 땅에 임할는지 네가 알지 못함이니라 - (전도서 11:1-2)

| 기적을 만드는 기도 |

역행하는 그리스도인을 기대하시는 하나님 아버지, 세상 사람들의 유일한 목표는 자신이 잘되는 것입니다. 그것만 된다면 무슨 일이라도 하려고 합니다. 저는 그런 세상을 역행하며 살고 싶습니다. 움켜쥐는 삶이 아니라 손을 펴 나누어 주는 삶이 되기를 원합니다. 세상의 방법에 저항할 수 있는 담력을 주십시오. 모두가 그 길로 달려가도 하나님의 말씀이 아니라고 하면 고민 없이 세상이 가는 길을 거슬러 가는 역행의 사람이 되기를 원합니다. 나의 힘이신 하나님을 사랑합니다. 예수님의 이름으로 기도드립니다. 아멘.

| 기적을 만드는 선포 |

내 사랑하는 아이야, 세상에는 순응하는 사람과 역행하는 사람이 있단다. 순응하는 사람의 육신은 편하지만 역사의 주인공이 될 수 없고, 역행하는 사람은 고난을 겪지만 세상을 바꾸는 역사의 주인공이 된단다. 넌 어떤 사람이 되고 싶니? 아빠, 엄마는 네가 역행하는 사람이 되기를 원해. 잠시 찾아오는 고난에 굴복하여 편하게 사는 사람보다는 상처투성이가 되더라도 고난에 맞서는 사람, 그래서 세상을 바꾸는 사람이 되기를 원한단다. 그리고 그렇게 축복하며 기도할 거야. 넌 잘될 거야. 사랑한다. 축복한다. 내 아이야.

내게 주신 기회는 나의 것이 아니다

하나님이 그토록 많은 기회를 주셨는데 나는 기회를 낭비했다. 하나님이 주신 기회는 내 것이 아니었는데, 그건 모두를 대신하여 받은 것이었을 뿐인데 나는 그것을 몰랐다. 이제 하나님이 다시 나에게 기회를 주신다면 그것을 허공에 날려보내는 일은 없을 것이다.

남들이 원하는 것을 얻도록 도우면 당신도 함께 얻게 될 것이다.
- 지그 지글러 -

| 기적을 만드는 말씀 |

오직 선을 행함과 서로 나누어 주기를 잊지 말라 하나님은 이같은 제사를 기뻐하시느니라 - (히브리서 13:16)

| 기적을 만드는 기도 |

내게 기회를 주시는 하나님 아버지, 하나님이 주신 기회 안에 담긴 하나님의 기대가 무엇인지 깨닫습니다. 하나님이 내게 기회를 주셨다는 것은 그것을 선용할 것이라고 믿고 주신 것인데 지금까지 하나님의 기쁨이 되지 못한 것을 회개합니다. 이제 분명히 알겠습니다. 내게 주신 기회는 나만의 것이 아니며, 약자들을 위하여 나누라고 주신 선물이라는 것을. 하나님이여! 나에게 다시 기회를 주소서. 하나님이 주신 기회를 모두와 나누는 천국 기쁨의 전령사가 되게 하소서. 예수님의 이름으로 기도드립니다. 아멘.

| 기적을 만드는 선포 |

내 사랑하는 아이야, 하나님은 앞으로 너에게 수많은 기회들을 주실 거야. 그 기회를 살려내려면 왜 너에게 기회를 주시는지를 알아야 한단다. 너에게 기회를 주시는 이유는 기회를 사용할 수 없는 약자를 위함이란다. 그들을 대신해서 네가 기회를 받은 거야. 잊지 말거라. 하나님이 주시는 기회는 너만을 위한 것이 아니라는 사실을. 그래서 꼭 기회를 살려 네 덕분에 살맛나는 세상이 만들어졌으면 좋겠다. 아빠, 엄마가 기도할게. 넌 잘될 거야. 사랑한다. 축복한다. 내 아이야.

지옥은 멀리 있지 않다. 미움, 탐욕, 이기, 시기, 질투 등을 통제하지 못하면 지옥의 문은 열린다. 하지만 예수의 마음을 품으면 지옥의 문은 닫히고, 천국의 계단이 펼쳐진다. 내가 살아가는 세상이 지금은 지옥 같을지라도 나는 그곳을 천국의 땅으로 넓혀 갈 것이다.

나누어 보지 못한 사람은 훗날 노인이 되었을 때 인생을 아름답게 빛내 줄 추억을 얻을 기회를 놓쳐 버린 것과 같다.

- 스탠 톨러 -

| 기적을 만드는 말씀 |

내가 주와 또는 선생이 되어 너희 발을 씻었으니 너희도 서로 발을 씻어 주는 것이 옳으니라 - (요한복음 13:14)

| 기적을 만드는 기도 |

천국을 만들어 가는 나를 기대하시는 하나님 아버지, 저는 천국이 저 먼 하늘나라에만 있는 줄 알았습니다. 그런데 천국은 바로 내가 딛고 사는 이 땅에서 실현되는 것을 깨닫습니다. 내가 하나님의 뜻을 이 땅에서 실현하면 세상은 천국이 된다는 사실을 깨닫습니다. 진리의 성령님, 나에게 하나님의 마음을 더욱 부어 주소서. 내게 천국의 문을 열 수 있는 선함을 허락해 주소서. 지옥 같은 세상에 사는 사람들이 나로 인해 천국을 보게 하소서. 예수님의 이름으로 기도드립니다. 아멘.

| 기적을 만드는 선포 |

내 사랑하는 아이야, 너는 지옥을 천국으로 바꾸어 가는 존귀한 사람이란다. 사람들은 너로 인해 희망을 발견하게 될 거야. 하나님은 너를 그렇게 사용하실 거야. 비록 네 눈에 지옥과 같은 세상이 보일지라도 실망할 필요가 없단다. 네가 예수님처럼 나누며 살면 네가 머무는 곳이 천국으로 바뀌는 거야. 하나님은 너에게 그 위대한 일을 맡기신 거야. 넌 잘될 거야. 사랑한다. 축복한다. 내 아이야.

주님이 이렇게 가까이에 있었는지 몰랐다. 내가 바라보고 있는 그의 눈 안에 주님이 있었는데 어리석게도 나는 주님을 다른 곳에서 찾으려고 했다. 그의 눈 안에 주님 계심을 알았다면 그런 모진 소리는 하지 않았을 텐데. 그에게 주님께 하듯 해야 했다.

베풂의 가장 큰 유익은 우리 자신의 삶에 큰 만족감을 얻는 것이다.

- 리처드 칼슨 -

| 기적을 만드는 말씀 |

무슨 일을 하든지 마음을 다하여 주께 하듯 하고 사람에게 하듯 하지 말라 이는 기업의 상을 주께 받을 줄 아나니 너희는 주 그리스도를 섬기느니라 - (골로새서 3:23-24)

| 기적을 만드는 기도 |

온유한 마음을 기뻐하시는 하나님 아버지, 내 것을 챙기는 일에 손 빨랐던 저를 용서하소서. 하나님께 갚을 수 없는 은혜를 얻었음에도 그것을 사람들과 나누지 못했던 저의 옹졸함을 고쳐 주소서. 하나님의 백성이라고 떠들면서 하나님의 본질과 같은 나눔이 없던 제게 귀한 깨달음을 주셨습니다. 저는 그동안 많이 모으면 그 다음부터 나눌 수 있는지 알았습니다. 그런데 오늘 발견합니다. 나눔은 지금 내 손에 있는 것을 놓는 것이라는 것을 발견합니다. 내게 나눌 수 있는 용기를 주시니 감사합니다. 예수님의 이름으로 기도드립니다. 아멘.

| 기적을 만드는 선포 |

내 사랑하는 아이야, 사람들과 나눈다는 것은 그리 대단한 것이 아니어도 된단다. 나눔은 준비가 필요 없는 거야. 나눌 상대만 있다면, 어떤 것이라도 가진 것이 있다면, 그것이 누군가의 마음을 즐겁게 할 수 있다면 그걸로 충분하단다. 그리고 일단 나누기만 하면 거기에는 하나님의 은혜가 임하여 풍성함이 넘치게 되는 거야. 아빠 엄마는 네가, 지금, 무엇이든, 먼저 나누는 사람이 되었으면 좋겠구나. 네 덕분에 사람들이 행복해지도록 말이야. 넌 꼭 잘될 거야. 사랑한다. 축복한다. 내 아이야.

나눔은 행복을 만드는 재료다

움켜쥐어야 행복할 줄 알았다. 남들보다 가진 게 많아야 평안할 줄 알았다. 내 주머니가 가득 차면 행복도 가득 차게 될 줄 알았다. 그런데 아무리 채워도 행복하지 않다. 나눔이 행복을 만드는 재료라는 말이 뭔지 알 것 같다.

당신은 세상의 빛이다. 당신의 빛을 세상 모든 사람들과 나누어라.

- 테리 그린 -

| 기적을 만드는 말씀 |

만일 한 지체가 고통을 받으면 모든 지체가 함께 고통을 받고 한 지체가 영광을 얻으면 모든 지체가 함께 즐거워하느니라

- (고린도전서 12:26)

| 기적을 만드는 기도 |

내 손을 펴 나누게 하시는 하나님 아버지, 하나님께서 제 손을 펴게 하셨습니다. 이전에는 누가 빼앗아 갈까 불안해하며 움켜진 두 손을 펴지 못했습니다. 혹시 이것을 잃어버리면 잘못될까 싶어 두려웠습니다. 그런데 하나님은 나에게 자유를 주셨습니다. 그리고 내 자유가 얼마나 많은 사람을 행복하게 하는 것인지를 알게 하셨습니다. 나눔의 시작은 고통인 것 같아 보이지만 결국 행복을 만드는 재료입니다. 하나님이 내게 주신 재료로 세상을 행복하게 만들어 가겠습니다. 내게 행복 주신 예수님의 이름으로 기도드립니다. 아멘.

| 기적을 만드는 선포 |

내 사랑하는 아이야, 움켜쥔다고 네 손 안에 남는 것이 아니란다. 사람들은 대부분 자기가 움켜쥔 것은 영원히 자기의 것이 될 것처럼 생각해. 그래서 쥔 손을 펴지 않으려고 온몸에 힘을 준단다. 누가 빼앗아 가는 것도 아닌데. 그러다가 결국 경련이 일어나 손을 펼 수밖에 없게 되고, 땅에 떨어져 못쓰게 될 때가 대부분이란다. 쥔 그것을 놓아야 또 다른 좋은 것을 손에 쥘 수 있어. 계속 해서 놓고 쥐고 반복하는 동안 네 손을 통해 놓인 것들이 사람들을 행복하게 하는 거야. 그게 지혜란다. 넌 꼭 잘될 거야. 사랑한다. 축복한다. 내 아이야.

더 잘되는 나눔의 원리를 즐겨라

나눔은 행복을 만든다. 주는 내가, 받는 그가, 그것을 지켜보는 하나님이 행복해진다. 하나님을 행복하게 하면 하나님의 손은 넉넉해지신다. 쥔 손을 펴시고 그 안에 담겨져 있는 은혜를 흘려보내신다. 나눔으로 빈 내 손을 빈 채 두지 않으신다. 잘되게 하신다.

기쁜 일은 서로의 나눔을 통해 두 배로 늘어나고 힘든 일은 함께 주고받음으로써 반으로 줄어든다.

- 존 포웰 -

| 기적을 만드는 말씀 |

은혜를 베풀며 꾸어 주는 자는 잘 되나니 그 일을 정의로 행하리로다 - (시편 112:5)

| 기적을 만드는 기도 |

내가 나눌 때 웃으시는 하나님 아버지, 하나님을 더 웃게 하고 싶습니다. 나 때문에 기뻐하는 하나님을 소망합니다. 내게 선한 마음을 주사 나누게 하시고, 더 많은 것을 나누기 위하여 나에게 풍족함을 더욱 채워주소서. 나눌 때 내 손을 빈 채 두지 않으시는 하나님을 내가 믿습니다. 언제나 나에게 나눔의 기쁨이 멈추지 않게 하셔서 잘되는 원리가 나를 통해 증명되게 하소서. 예수님의 이름으로 기도드립니다.

| 기적을 만드는 선포 |

내 사랑하는 아이야, 네 마음이 바다 같이 넓은 마음이 되기를 기도한단다. 하나님은 움켜쥐는 손에는 복 주시지 않는단다. 손을 펼 때 하나님의 복이 임하는 거야. 네 손을 펴서 나눌 때 하나님의 잘되는 원리가 너의 인생을 풍족하게 할 거야. 아빠, 엄마는 사랑하는 네가 잘 되는 원리에 꼭 맞는 사람이라고 믿어. 네가 지금 열심히 공부하는 것도 너 자신을 위하여서가 아니라 필요한 곳에서 나누기 위함임을 기억 하렴. 넌 꼭 잘될 거야. 사랑한다. 축복한다. 내 아이야.

나눔의 용기를 키워라

친구에게 나누어 주는 것은 어렵지 않다. 그러나 원수에게 나누어 주는 것은 용기가 필요하다. 그러나 용기를 낸다면 모든 분쟁과 싸움을 끝낼 수 있다. 처음 손 내밀기가 힘들지 그 다음은 어렵지 않다. 모든 사람은 나눔의 손을 붙잡고 평화롭고 싶어 한다.

베푸는 사람에게는 적이 없다.

- 벤자민 프랭클린 -

| 기적을 만드는 말씀 |

네 원수가 배고파하거든 음식을 먹이고 목말라하거든 물을 마시게 하라 그리 하는 것은 핀 숯을 그의 머리에 놓는 것과 일반이요 여호와께서 네게 갚아 주시리라 - (잠언 25:21-22)

| 기적을 만드는 기도 |

나눌 수 있는 용기를 주시는 하나님 아버지, 움켜쥐려고 하던 내게 나눔의 용기를 부어 주셔서 감사합니다. 비록 나와 원수 된 자라 할지라도 나에게 먼저 용기를 주사 손 내밀게 하시고 나눔을 통한 화평을 얻게 하시니 감사합니다. 내 하나님, 용기내 내민 손이 거절될 때라도 실망하지 않게 하시고, 내 진정성이 드러나 결국 모두가 평화를 누리게 하소서. 나눔의 대가도 바라지 않게 하시고 바란다면 하나님의 은혜로 만족하기를 원합니다. 예수님의 이름으로 기도드립니다. 아멘.

| 기적을 만드는 선포 |

내 사랑하는 아이야, 나누는 것이 쉽게 되는 것은 아니란다. 네가 나누려고 해도 받는 사람은 다른 눈으로 너를 바라볼 때도 있지. 그래도 나눔의 손을 멈추지 말거라. 지속적인 나눔의 용기를 달라고 하나님께 구하렴. 그러면 언젠가 너의 진심이 받아들여질 거야. 그리고 너 때문에 모두가 평화를 누리고 행복해질 거야. 바다 같이 큰사람은 편협한 사람을 대하는 태도에서 결정되는 거란다. 네 마음이 받아들여지지 않는 사람을 대하는 너의 태도가 너를 큰사람으로 만드는 거야. 넌 꼭 잘될 거야. 사랑한다. 축복한다. 내 아이야.

D-day
30

Meditation 100 days
to create a miracle-Parents

SINCERITY…

성실

Part 11

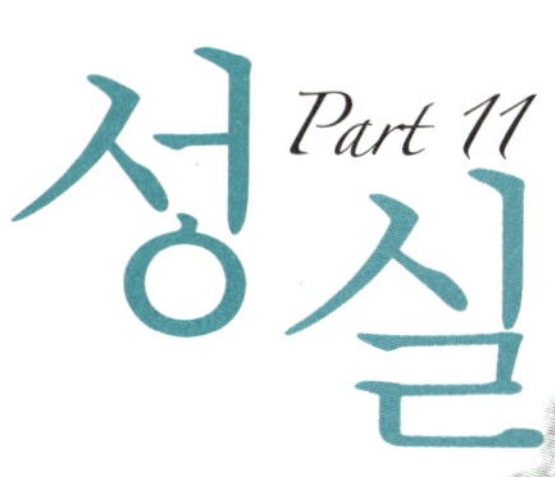

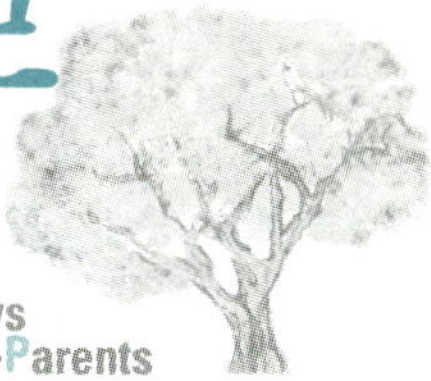

Meditation 100 days
to create a miracle-**P**arents

D-day (30~24)

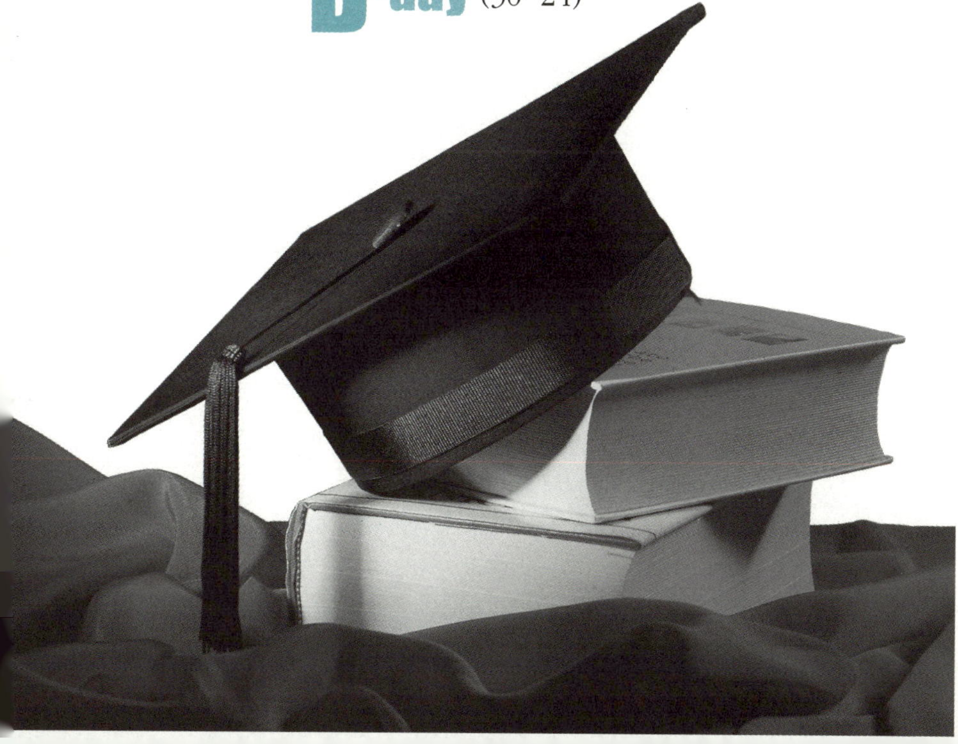

모든 건 작은 데서 시작된다

사람들의 관심은 내가 어떤 일을 하고 있는지다. 하지만 하나님의 관심은 다르다. 하나님은 어떤 일을 하든지 그 일을 대하는 나의 태도에 관심이 있다. 처음 맡겨진 작은 일이라도 마치 큰일처럼 대하는 태도에 하나님은 높은 점수를 주신다.

나는 성실한 사람을 조화롭고 완벽하며 높은 성품을 지닌 사람이라 생각한다.

- 행크 폴슨 -

| 기적을 만드는 말씀 |

지극히 작은 것에 충성된 자는 큰 것에도 충성되고 지극히 작은 것에 불의한 자는 큰 것에도 불의하니라 - (누가복음 16:10)

| 기적을 만드는 기도 |

내 재능이 아닌 태도를 보시는 하나님 아버지, 무슨 일을 저에게 맡기시더라도 성실한 태도로 감당하게 하소서. 세상 사람들은 자신이 하고 있는 일이 얼마나 중요한 일인지에 관심 가질 때 저는 그 일을 누가 맡겼는지에 관심 갖게 하소서. 하나님이 맡기신 일이라면 그것이 얼마나 중요하든지, 누구에게 인정받는 일이든지 상관없이 최선을 다하기 원합니다. 하나님은 작은 일에도 충성한 사람을 기뻐하신다고 하셨습니다. 어떤 경우라도 하나님의 마음을 기쁘게 하는 사람이 되게 하소서. 예수님의 이름으로 기도드립니다. 아멘.

| 기적을 만드는 선포 |

내 사랑하는 아이야, 성실은 작은 일에서부터 시작된단다. 큰일을 맡으면 그때부터 최선을 다하겠다고 하지만 그런 일은 일어나지 않는단다. 왜냐하면 작은 일에 최선을 다하지 않는 사람에게는 절대 큰일을 맡기지 않기 때문이야. 오늘도 작은 일에 최선을 다하고 있는 너를 보니 아빠, 엄마는 참 흐뭇하구나. 하나님도 너를 보며 기뻐하실 거야. 지금처럼만 최선을 다한다면 하나님께서 너에게 좋은 결과를 주실 거라고 믿는다. 넌 꼭 잘될 거야. 사랑한다. 축복한다. 내 아이야.

나 자신에게 먼저 인정받아야 한다

사람들의 평가는 의미 없다. 내가 나에게 후한 점수를 줄 수 있어야 한다. 내가 내 자신을 인정할 수 없다면 사람들에게 내려진 좋은 평가는 그저 가식일 뿐이다. 거짓으로는 오래 그 자리에 머물 수 없다. 성실이란 내가 나를 인정하는 것이다.

자기 자신에 대한 성실성과 관계없는 위대함이란 나는 인정할 수 없다. 자기가 자신에게조차 연극을 보여 준다는 것은 구역질나는 일이다.

- 프리드리히 니체 -

| 기적을 만드는 말씀 |

너는 진리의 말씀을 옳게 분별하며 부끄러울 것이 없는 일꾼으로 인정된 자로 자신을 하나님 앞에 드리기를 힘쓰라

- (디모데후서 2:15)

| 기적을 만드는 기도 |

부끄러울 것이 없는 일꾼을 찾으시는 하나님 아버지, 나 자신을 물론이요, 하나님 앞에서 부끄러울 것이 없는 사람이 되기를 원합니다. 단지 사람들에게 잘 보이기 위한 가식적인 성실이 아니라 나 자신에게 증명되는 성실이 내게 있기를 원합니다. 나의 마음을 주장하여 주소서. 평가에 두려워하지 않게 하시고, 스스로에게 부끄럽지 않은 삶이 되게 하소서. 예수님의 이름으로 기도드립니다. 아멘.

| 기적을 만드는 선포 |

내 사랑하는 아이야, 사람들의 평가보다 중요한 것은 바로 네가 네 자신에게 내리는 평가란다. 자신을 향한 평가는 글이나 말로 내려지지 않아. 그저 네 마음 한편에 자리 잡고 있지. 그런데 그 평가만큼 거짓 없는 것도 없단다. 남에게는 자신을 위장해도 스스로에게는 정직하게 말할 수 있기 때문이지. 아빠, 엄마는 네가 너에게 내리는 평가가 '최선을 다했다, 난 성실하게 노력했다.'가 되기를 바란단다. 그래서 얻은 결과라면 그것으로 충분한 거야. 넌 꼭 잘될 거야. 사랑한다. 축복한다. 내 아이야.

하나님이 나에게 기대하시는 것은 충성이다. 나는 단지 하나님의 청지기일 뿐이다. 하나님이 원하시는 대로 사는 것이 내게 기대하시는 하나님의 마음이다. 하나님의 기대하심에 반응하자. 원하시는 대로 살자. 성공이 별건가? 하나님의 기대대로 사는 것이 성공이다.

Semper fidelis, 항상 충성하라!

- 미국 해병대 구호 -

| 기적을 만드는 말씀 |

맡은 자들에게 구할 것은 충성이니라 - (고린도전서 4:2)

| 기적을 만드는 기도 |

오직 충성을 원하시는 하나님 아버지! 하나님을 향한 나의 구호는 '항상 충성으로'가 되기를 원합니다. 나에게 하나님을 향한 충성이 날마다 자라나게 하소서. 하나님은 지금도 충성하는 사람을 통해 하나님의 역사를 이끌어 가시는 줄 믿습니다. 저는 하나님의 역사에 동참하고 싶습니다. 그래서 충성하는 사람을 통해서 일하시는 하나님을 한 번 더 세상에 증명하기를 원합니다. 나의 충성심을 더욱 크게 하시고 나를 사용하여 주소서. 예수님의 이름으로 기도드립니다. 아멘.

| 기적을 만드는 선포 |

내 사랑하는 아이야, 하나님이나 사람이나 충성하는 사람을 쓴단다. 충성 없는 재능은 시작은 화려해도 절대 좋은 결말을 얻지 못해. 화려하게 시작해서 좋지 못한 결말을 얻는 것처럼 비참한 것도 없단다. 젊었을 때 고생은 사서하고, 늙었을 때는 젊은 날 고생으로 얻은 결과를 풍성히 누리는 게 복된 인생인 것처럼, 네가 충성스럽게 오늘 하루를 산다면 너는 가깝게는 한 달 후에, 멀리는 네 인생 전체를 통해 하나님의 축복을 경험하게 될 거야. 넌 꼭 잘될 거야. 사랑한다. 축복한다. 내 아이야.

성실로 고난을 돌파하라

많은 사람이 고난을 만나지만 그 고난을 돌파하는 사람은 적다. 그 이유는 고난을 피하기 때문이다. 고난을 이기는 비결은 참는 것 외에는 없다. 참다보면 고난은 지쳐 떨어진다. 인내는 성실한 사람들의 특징이고 성실한 사람은 어떤 고난도 격파한다.

모든 영웅의 특징은 성실이었다. 깊고 위대하고 진실한 성실 말이다.

- 토마스 칼라일 -

| 기적을 만드는 말씀 |

가난하여도 성실하게 행하는 자는 부유하면서 굽게 행하는 자보다 나으니라 - (잠언 28:6)

| 기적을 만드는 기도 |

내 용기의 근원이신 하나님 아버지, 저는 고난을 피하지 않고 돌파하고 싶습니다. 하나님께서 제게 용기를 주소서. 고난이 두렵지 않게 용기를 주소서. 고난이 찾아올 때 고난보다 고난 후에 주실 상급에 더 큰 기대감을 주소서. 어떤 고난이 찾아와도 마지막까지 그 자리에 머물러 고난이 나를 피해가게 하소서. 성실로 고난을 돌파하고 고난 후에 찾아오는 즐거운 소산을 거둘 수 있게 하시는 하나님을 기대합니다. 예수님의 이름으로 기도합니다. 아멘.

| 기적을 만드는 선포 |

내 사랑하는 아이야, 고난이 없었으면 좋겠니? 그런데 내 아이야. 고난과 맞닥뜨리지 않으면 절대 그 다음 단계로 올라갈 수 없단다. 힘들어도 그 과정을 통과해야 더 높은 다음 단계로 올라갈 수 있는 거야. 그래서 아빠, 엄마는 고난이 너를 피해가기를 기도하지 않는단다. 고난이 찾아와도 맞서 싸우고, 이기는 승리자가 되게 해 달라고 기도한단다. 너도 너 자신을 위해 그렇게 기도하렴. 난 싸우겠다고, 고난을 피하지 않겠다고, 고난이 지쳐 떨어져 나가게 하겠다고. 넌 꼭 잘될 거야. 사랑한다. 축복한다. 내 아이야.

나도 1등이고 싶다. 그리고 1등이 되려고 노력할 것이다. 하지만 정당한 방법으로는 쟁취할 수 없다면 깨끗이 포기하겠다. 부정한 방법으로 얻은 화려한 1등보다 정당한 패자의 자리에서 하나님의 위로를 받겠다. 부정한 1등이 되느니 정당한 2등이 되는 것이 마음 편하다.

탐욕은 부를 파괴한다. 반대로 성실은 번영을 촉진한다.

- 패트리셔 애버딘 -

| 기적을 만드는 말씀 |

내 눈이 이 땅의 충성된 자를 살펴 나와 함께 살게 하리니 완전한 길에 행하는 자가 나를 따르리로다 - (시편 101:6)

┤ 기적을 만드는 기도 ├

정직한 자를 통해 공의를 드러내시는 하나님 아버지, 저에게 부정한 1등을 거절할 수 있는 용기를 주소서. 성실했다면 결과가 어떻든 받아들일 수 있는 넉넉함을 허락하소서. 내 자녀에게 성실한 부모의 모습을 당당하게 보일 수 있게 하시고, 말과 행동이 다르지 않은 부모가 되게 하소서. 혹 내 자녀가 부정한 1등과 당당한 2등 중 무엇을 선택해야 하냐고 물을 때 제 마음에 거짓 없이 당당한 2등을 택하라고 말하게 하소서. 결국 그것이 진정한 승리라는 것을 알게 하소서. 예수님의 이름으로 기도드립니다. 아멘.

┤ 기적을 만드는 선포 ├

내 사랑하는 아이야, 성실하다고 반드시 좋은 결과를 얻는 것은 아니야. 어쩌면 성실하지 못한 사람이 너 보다 앞서 나갈 수 있어. 부정행위를 통해 좋은 점수를 얻은 사람이 너보다 좋은 학교에 들어갈 수도 있는 거고, 부당한 방법으로 너를 좌절시킬 수 있어. 하지만 그런 방법은 앞서 나가는 것처럼 보이지만 언젠가는 하나님의 저주를 받게 된단다. 부정한 1등을 공의의 하나님이 그대로 보고 계시지는 않는단다. 그걸 아는 것이 지혜란다. 넌 꼭 잘될 거야. 사랑한다. 축복한다. 내 아이야.

사람들에게 보이기 위해 사는 건 이제 그만 하고 싶다. 날마다 뭔가에 쫓기듯 조바심 내면서 사는 건 정말 지쳤다. 앞만 보고 달리는 삶이 아닌, 나 자신에게 만족을 주는 삶을 살고 싶다. 내가 서 있어야 할 그 자리에 우직하게 서 있고 싶다.

작은 문제에서 진실에 부주의한 사람은 중요한 문제에서 신뢰를 받을 수 없다.

- 알버트 아인슈타인 -

| 기적을 만드는 말씀 |

충성된 사자는 그를 보낸 이에게 마치 추수하는 날에 얼음냉수 같아서 능히 그 주인의 마음을 시원하게 하느니라 - (잠언 25:13)

| 기적을 만드는 기도 |

추수 때 얼음냉수 같은 사람을 찾으시는 하나님 아버지, 저는 하나님 찾으실 때 바로 그 자리에 있기를 원합니다. 농부가 추수할 때 갈한 목을 축이기 위하여 찾는 물 한 그릇처럼 내가 꼭 있어야 할 그 자리에 성실하게 서 있겠습니다. 그래서 하나님의 마음을 시원케 해 드리는 사람이 되기를 원합니다. 저를 보실 때마다 무척 흐뭇해서 미소를 짓는 하나님을 보고 싶습니다. 예수님의 이름으로 기도드립니다. 아멘.

| 기적을 만드는 선포 |

내 사랑하는 아이야; 더운 여름 날, 냉장고에서 시원한 물을 꺼내 먹을 때의 기분이 어땠니? 만약에 누가 너에게 그런 시원한 물과 같은 사람이 되어 준다면 네 기분이 어떨까? 아빠, 엄마는 네가 하나님과 사람들에게 얼음냉수 같은 사람이 되었으면 좋겠단다. 하나님이 필요로 하실 때 바로 그 자리에 있는 사람, 갈급한 사람들이 필요로 할 때 그 자리에서 손을 내밀어 줄 수 있는 사람, 그런 사람이 되기를 기도한단다. 네가 지금 공부하는 이유가 단지 너 자신의 행복뿐 아니라 갈급한 사람들에게 시원한 얼음냉수가 되는 것이면 좋겠구나. 넌 꼭 잘될 거야. 사랑한다. 축복한다. 내 아이야.

인생을 성실로 채워 가라

인생은 흘러가는 것이 아니다. 성실로 채워 가는 것이다. 지금 당장은 별로 차이가 나지 않는다. 하지만 10년 후에 하루하루를 성실로 채워 간 사람과 그럭저럭 살아간 사람은 현격한 격차를 보인다. 그게 바로 내가 오늘 하루를 성실로 살아가야 할 이유다.

나는 사람들을 고용할 때 세 가지를 본다. 첫째는 성실성이고, 둘째는 지능이며, 셋째는 열정이다. 하지만 성실성이 없으면 나머지 두 가지가 당신을 망칠 것이다.

- 워런 버핏 -

| 기적을 만드는 말씀 |

그 날에 모세가 맹세하여 이르되 네가 내 하나님 여호와께 충성하였은즉 네 발로 밟는 땅은 영원히 너와 네 자손의 기업이 되리라 하였나이다 - (여호수아 14:9)

| 기적을 만드는 기도 |

성실한 자에게 은혜를 주시는 하나님 아버지, 오늘 하루를 성실로 사는 것과 그렇지 않은 것의 차이는 지금 느낄 수 없습니다. 하지만 얼마 지나지 않아 성실의 힘을 느끼게 될 것을 압니다. 그것을 알기에 오늘 하루 내 육신의 정욕을 성실로 이기겠습니다. 나를 넘어지게 하는 모든 불성실의 유혹을 떨쳐 버리겠습니다. 하나님이여, 내가 성실로 사는 동안 내 기업을 축복하시고, 내 자녀가 잘되는 복을 얻게 하소서. 이 해가 축복의 원년이 되게 하소서. 예수님의 이름으로 기도드립니다. 아멘.

| 기적을 만드는 선포 |

내 사랑하는 아이야, 하나님은 너의 재능으로 일하시지 않는단다. 하나님의 관심은 네가 얼마나 최선을 다하고 있는지에 있어. 네가 성실하게 하루하루 살아가기만 하면 하나님께서 반드시 네가 소원하는 그곳으로 너를 인도해 주실 거야. 아빠, 엄마는 그런 너를 상상해 본다. 비록 뛰어난 재능은 가지지 못했어도 하나님이 함께하셔서 세상을 깜짝 놀라게 하는 멋진 너의 미래를 상상한단다. 넌 꼭 잘될 거야. 사랑한다. 축복한다. 내 아이야.

D-day
23
Meditation 100 days
to create a miracle-Parents

HUMILITY...

Part 12

겸손

Meditation 100 days
to create a miracle-Parents

D-day (23~17)

이기는 습관 만들기

이기는 비결은 아주 단순하다. 훔치고 베끼고 그것으로 자기만의 것을 창조하는 것이다. 배우지 않는 것은 미련한 짓이다. 큰 비용 없이 남의 것을 내 것으로 만들 수 있는데 쓸데없는 자존심 부릴 필요 없다. 나는 무조건 배울 것이다. 그리고 최고가 될 거다.

내가 만난 모든 사람은 어떤 면에서는 나보다 훌륭했다. 나는 그런 면을 배운다.

- 랄프 왈도 에머슨 -

| 기적을 만드는 말씀 |

진실로 그는 거만한 자를 비웃으시며 겸손한 자에게 은혜를 베푸시나니 지혜로운 자는 영광을 기업으로 받거니와 미련한 자의 영달함은 수치가 되느니라 - (잠언 3:34-35)

| 기적을 만드는 기도 |

겸손함으로 배우기를 원하시는 하나님 아버지, 교만하여 하나님의 뜻을 놓쳐 버렸던 저를 용서해 주소서. 쓸데없는 자존심으로 하나님이 주신 기회를 낭비했습니다. 저를 통해 일하시고 싶어 하시는 하나님의 계획보다는 제 자존심이 중요했습니다. 더 겸손함으로 배웠어야 했는데 그러지 못해 하나님의 거룩한 시간을 헛되이 흘려보냈습니다. 말씀을 통해 나 자신을 돌아봅니다. 그리고 미련한 자의 자리를 떠나겠습니다. 하나님의 손으로 나를 도와주소서. 예수님의 이름으로 기도드립니다. 아멘.

| 기적을 만드는 선포 |

내 사랑하는 아이야, 지혜는 자신을 낮출 수 있는 데까지 낮추는 거란다. 자기를 낮추는 것은 부끄러운 일이 아니야. 도리어 나를 더 멋있게 만드는 거란다. 만일 네가 자신을 낮추고 한 단계, 한 단계 진보해 나가면 하나님은 너를 그 자리에 두지 않고 너를 높은 자리에 세울 거야. 네가 그 자리에 가려고 노력하지 않아도 사람들이 먼저 알아본단다. 스스로 자신 없는 사람이나 자기를 자랑하는 거야. 아빠, 엄마는 네가 겸손히 배우고, 하나님의 은혜 얻기를 늘 기도할게. 넌 꼭 잘될 거야. 사랑한다. 축복한다. 내 아이야.

겸손이란 하나님을 하나님으로 인정하는 것이다. 하나님을 인정하지 못하면서 사람 앞에서 겸손한 것은 위선이고, 가식일 뿐이다. 나를 알고 하나님을 알면 하나님을 인정하지 않을 수 없다. 그리고 내가 그렇게 살면 하나님은 자신의 능력을 보여 주신다.

겸손은 천국의 문을 연다.

- 파스칼 -

| 기적을 만드는 말씀 |

우리 주는 위대하시며 능력이 많으시며 그의 지혜가 무궁하시도다 여호와께서 겸손한 자들은 붙드시고 악인들은 땅에 엎드러 뜨리시는도다 - (시편 147:5-6)

| 기적을 만드는 기도 |

하나님을 인정하는 사람에게 은혜 주시는 하나님 아버지, 제 마음은 결정했습니다. 어떤 순간에도 하나님을 하나님으로 인정하기로 결정했습니다. 진정한 겸손은 사람의 평가로 결정되지 않고, 오직 하나님의 평가로 결정되는 줄 믿습니다. 저는 사람의 평가보다는 하나님의 평가에 목말라하겠습니다. 하나님의 지혜를 소망합니다. 언제나 완전하신 하나님의 은혜를 내게 주소서. 겸손을 보여 주신 하나님을 찬양합니다. 예수님의 이름으로 기도드립니다. 아멘.

| 기적을 만드는 선포 |

내 사랑하는 아이야, 가장 사랑받는 사람은 어떤 사람일까? 멋진 외모, 능력, 지식 이런 것들을 가진 사람일까? 물론 이런 것들이 잠깐 사람을 돋보이게 할지는 모르지만 그다지 오래 가지는 않는단다. 오래도록 사랑받는 사람은 겸손한 사람이란다. 겸손의 왕이셨던 예수님을 보렴. 그분은 2,000년이 지나도 사람들에게 사랑받는 분이시잖니? 아빠, 엄마는 네가 겸손의 왕, 가장 사랑받는 분이신 예수님을 닮아갔으면 좋겠구나. 넌 꼭 잘될 거야. 사랑한다. 축복한다. 내 아이야.

겸손이 기본이다

운동선수들은 종목과 상관없이 달리기 훈련을 한다. 그게 기본이기 때문이다. 달리기로 기본 체력 훈련이 안 된 선수는 아무리 기술이 뛰어나도 쉽게 지친다. 인생 경주라는 종목에서 기본은 무엇일까? 겸손이 아닐까? 그게 안 되면 뭘 해도 끝을 보지 못할 것이다.

겸손이 없다면 인생의 가장 기본적인 교훈도 배울 수가 없다.

- 존 톰슨 -

| 기적을 만드는 말씀 |

겸손한 자는 먹고 배부를 것이며 여호와를 찾는 자는 그를 찬송할 것이라 너희 마음은 영원히 살지어다 - (시편 22:26)

| 기적을 만드는 기도 |

겸손한 자를 기뻐하시는 하나님 아버지, 저는 겸손하지 못한 사람입니다. 종종 하나님께 가야 할 영광을 가로채는 죄인입니다. 겸손하게 하나님 앞에 나아가지 못했던 죄를 회개합니다. 내 죄악을 용서하소서. 이제라도 겸손을 배우게 하소서. 겸손으로 내 인생의 경주를 다시 시작하게 하소서. 그래서 나 때문에 가려졌던 하나님의 영광이 다시 빛나게 하소서. 겸손하게 하나님의 전에 영원히 거하는 은총을 주소서. 예수님의 이름으로 기도드립니다. 아멘.

| 기적을 만드는 선포 |

내 사랑하는 아이야, 오늘도 하나님의 말씀대로 살기 위해 수고하는 너를 하나님은 기뻐하신단다. 겸손하게 하나님을 인정하고 하나님께 순종하는 너에게 하나님은 크고 놀라운 은혜를 베푸시고 있단다. 하나님은 부족한 네 삶에 개입하셔서 너로 풍족하게 하시고, 감격에 겨운 너의 찬송을 들으실 거란다. 네가 겸손을 잃어버리지 않는다면 하나님은 절대로 너를 잊지 않을 거란다. 너는 하나님과 함께 영원히 빛나는 별이 될 거야. 넌 꼭 잘될 거야. 사랑한다. 축복한다. 내 아이야.

겸손의 불을 밝혀라

겸손은 내가 가장 좋은 결과를 얻었을 때 그것이 누구로부터 왔는지를 아는 것이다. 겸손은 내 연약함이 드러났을 때 내가 무엇을 해야 하는지를 알게 해 주는 것이다. 겸손은 위대한 도전을 시작할 때 어떻게 첫걸음을 떼어야 하는지 알게 해 주는 것이다.

분별력은 겸손함을 갖출 때 두 배의 빛을 발한다.

- 윌리엄 펜 -

| 기적을 만드는 말씀 |

겸손과 여호와를 경외함의 보상은 재물과 영광과 생명이니라

- (잠언 22:4)

| 기적을 만드는 기도 |

언제나 나와 동행하시는 하나님 아버지, 내 모든 소유의 근원은 하나님입니다. 내 영혼과 육체는 하나님에게서 왔으며, 내가 가진 모든 소유 역시 하나님의 것입니다. 내 자녀도 하나님이 주인이시며, 하나님의 뜻대로 쓰실 수 있습니다. 하나님께 모든 것을 드립니다. 하나님의 뜻대로 사용해 주소서. 내 뜻대로 마시고, 오직 하나님 뜻대로 사용하소서. 하나님의 뜻과 내 뜻이 다를 때 내 뜻을 냉정하게 내버려 하나님의 뜻이 내 깊은 곳에서부터 존중받게 하소서. 예수님의 이름으로 기도드립니다. 아멘.

| 기적을 만드는 선포 |

내 사랑하는 아이야, 하나님은 항상 너와 함께하고 계신단다. 네가 느끼든 못 느끼든 하나님은 항상 네 손을 잡고 가신단다. 그리고 하나님은 네가 하나님의 위대하심을 언제나 잊지 않기를 원하시지. 언제나, 어디서나 네가 큰 소리로 너와 함께하시는 하나님을 자랑하기를 바라고 계셔. 네가 하나님의 소원을 들어드리면 하나님이 얼마나 기뻐하시겠니? 그리고 그 기쁨을 이기지 못하시고 너를 높이 들어올리실 거야. 넌 꼭 잘될 거야. 사랑한다. 축복한다. 내 아이야.

내가 완전하다면 나는 하나님을 기억하지 못했을 것이다. 내가 모든 것을 다 가졌다면 나는 하나님을 필요 없다고 생각했을 것이다. 하지만 나는 하나님이 필요하다. 나는 불완전하기에, 나는 그 어떤 것도 할 수 없는 약한 존재이기에 완전하신 하나님이 필요하다.

강인함을 갖춘 사람은 대부분 겸손하다. 반대로 결함이 있는 사람은 보통사람들에 비해 자만심이 크다.

- 요한 볼프강 폰 괴테 -

| 기적을 만드는 말씀 |

하나님이 이르시되 그가 나를 사랑한 즉 내가 그를 건지리라 그가 내 이름을 안즉 내가 그를 높이리라 - (시편 91:14)

| 기적을 만드는 기도 |

내 모든 것이신 하나님 아버지, 저는 이 세상 그 무엇보다 하나님이 필요합니다. 내 갈급한 마음에 하나님이 채워지기를 소원합니다. 그 어떤 것도 하나님을 대신 할 수 없습니다. 겸손히 하나님을 내 마음에 초청합니다. 내게 임하여 주소서. 그리고 나에게 하나님의 위로로 충만하게 하소서. 난 두렵지 않습니다. 내 하나님이 내 허리에 능력의 손을 대고 계시기에 두렵지 않습니다. 하나님이 들어올리시면 저는 세상 그 누구보다 높은 곳에서 하나님의 역사를 바라보게 될 것입니다. 예수님의 이름으로 기도드립니다. 아멘.

| 기적을 만드는 선포 |

내 사랑하는 아이야, 인생에서 성공하려면 열심히 있어야 한단다. 하지만 열심은 네 우선순위에서 항상 두 번째 자리에 머물게 해야 해. 첫 번째 자리는 하나님의 자리란다. 그 어떤 것도 하나님 이상으로 중요한 것은 없는 거야. 노력하는 것은 좋은 거지만 하나님 없는 자기 노력은 미련한 짓이란다. 자기 노력으로만 성공하는 사람들은 노력한 만큼만 얻지만 겸손히 하나님의 은총을 구하며 노력한 사람은 하나님의 은혜까지 얻을 수 있단다. '은혜와 열심' 이 두 가지를 잊지 말거라. 넌 꼭 잘될 거야. 사랑한다. 축복한다. 내 아이야.

내가 달려온 인생길이 일직선이었을 것이라고 생각했다. 그런데 한참을 달려온 뒤 돌아보니 내가 걸어왔던 길이 내 생각과는 완전히 달랐다. 나는 잘했다고 생각했는데 인생은 내 생각대로 되는 것이 아님을 알았다. 인생은 계획한 시나리오대로 되는 것이 아니다.

인생은 겸손에 대한 오랜 수업이다.

- 제임스 M. 베리 -

| 기적을 만드는 말씀 |

내일 일을 너희가 알지 못하는도다 너희 생명이 무엇이냐 너희는 잠깐 보이다가 없어지는 안개니라 - (야고보서 4:14)

| 기적을 만드는 기도 |

내 걸음을 인도하시는 하나님 아버지, 내가 아무리 계획을 세워도 그 걸음을 인도하시는 분은 하나님이라는 진리를 깨닫게 하시니 감사합니다. 나에게 넘치는 지혜를 주사 하나님 앞에서 겸손을 잃지 않게 하시고, 스스로 자만하여 주의 도에서 벗어나지 않게 하소서. 나 자신을 믿고 하나님께 대항했던 지난날의 삶을 답습하는 어리석은 사람이 되기를 원치 않습니다. 확신할 수 없을 때 하나님의 뜻이 무엇인지 묻게 하시고, 하나님의 결정에 겸손히 순응하게 하소서. 예수님의 이름으로 기도드립니다. 아멘.

| 기적을 만드는 선포 |

내 사랑하는 아이야, 하나님은 겸손한 사람의 계획에 복 주신단다. 네가 큰 꿈을 꾸는 것은 하나님이 기뻐하시는 일은 분명해. 그런데 그 꿈의 주인은 네가 아니란다. 너에게 꿈을 꾸도록 허락하신 하나님이 주인이지. 너는 그저 하나님이 꿈꾸라고 하셨기 때문에, 일하라고 하셨기 때문에, 열매를 거두라고 하셨기 때문에 이룰 수 있는 거야. 멋진 계획을 많이 세우렴. 그리고 그 계획을 세울 때마다 계획의 주인은 하나님이라는 것을 인정하렴. 그러면 너는 꿈을 이루게 될 거야. 넌 꼭 잘될 거야. 사랑한다. 축복한다. 내 아이야.

나는 실수가 많은 사람이다. 나는 의외로 허점이 많다. 그래서 나에게는 누군가가 들려주는 지혜가 필요하다. 실수하는 존재에 대한 자기인식이 없으면 언젠가는 깊은 수렁에 빠지게 될 것이고, 그 한 번의 잘못된 발걸음은 나를 더 이상 걷지 못하게 할 수도 있다.

우선 겸손을 배우려 하지 않는 자는 아무것도 이루지 못한다.

- 조지 메러디스 -

| 기적을 만드는 말씀 |

지혜로운 사람의 책망을 듣는 것이 우매한 자들의 노래를 듣는 것보다 나으니라 - (전도서 7:5)

| 기적을 만드는 기도 |

하나님의 음성에 귀 기울이기 원하시는 하나님 아버지, 어떻게 하나님의 음성을 나에게 들려주시는지를 알게 하시니 감사합니다. 하나님은 지금까지 수많은 사람들과 사건들을 통해 내게 말씀하셨는데 내 연약함이 하나님의 음성을 소멸시켰습니다. 나를 정말 사랑하셔서 세상 만물로 내게 말씀하셨는데 듣지 못하였습니다. 용서하여 주소서. 이제라도 내게 하나님의 음성에 경청하게 하셔서 지혜를 얻게 하소서. 내 귀가 열리지 않아 하나님의 음성을 소멸치 않게 하소서. 예수님의 이름으로 기도드립니다. 아멘.

| 기적을 만드는 선포 |

내 사랑하는 아이야, 경청이란 사람들을 통해 너에게 들려주시는 하나님의 음성을 잘 듣는 것이란다. 만일 네가 그 음성을 경청하면 너는 확실한 길잡이와 함께 인생을 살아가는 거야. 경청은 말하는 사람의 마음을 얻을 수 있는 특별한 재주란다. 네가 경청하면 하나님의 마음은 물론이고, 사람들의 마음까지도 얻게 되는 거야. 아빠, 엄마는 너의 귀를 크게 열어 달라고 늘 기도한단다. 네가 하나님의 마음에 합한 사람, 사람들의 마음을 끌어당기는 사람이 되도록 말이지. 넌 꼭 잘될 거야. 사랑한다. 축복한다. 내 아이야.

D-day
16
Meditation 100 days
to create a miracle-Person

NATURE ...

Part 13

성품

**Meditation 100 days
to create a miracle-Parents**

D-day (16~10)

기적을 만드는 성품, 인내

재주는 잠시 나를 돋보이게 할 수 있다. 하지만 진짜 승부는 얼마나 참고 노력을 지속할 수 있는가에서 결정된다. 아무나 만족할 만한 결과를 얻는 것은 아니다. 오직 인내로 버티는 사람만이 달콤한 열매를 얻는 것이다.

내가 가치 있는 발견을 했다면 그건 다른 능력보다 참는 능력이 있었기 때문이다.

- 아이작 뉴턴 -

| 기적을 만드는 말씀 |

보라 인내하는 자를 우리가 복되다 하나니 너희가 욥의 인내를 들었고 주께서 주신 결말을 보았거니와 주는 가장 자비하시고 긍휼히 여기시는 이시니라 - (야고보서 5:11)

| 기적을 만드는 기도 |

오래 참음으로 성령의 열매를 맺기 원하시는 하나님 아버지, 포기하고 싶을 때 한 번 더 참을 수 있는 인내를 내게 허락해 주소서. 어떤 순간에도 미래를 기대하며 버틸 수 있는 능력을 허락해 주소서. 인내는 성령의 열매입니다. 내 힘으로 되는 것이 아닙니다. 성령님께서 내게 오셔서 나를 주장하시고 다스리셔야 됩니다. 성령님이여! 나를 완전히 다스리시되 인내의 열매를 맺기까지 다스리소서. 인내를 흉내 내는 것에서 그치지 않게 하시고, 인내의 열매를 맺기까지 오래 참게 하소서. 예수님의 이름으로 기도드립니다. 아멘.

| 기적을 만드는 선포 |

내 사랑하는 아이야, 오늘 말씀이 너에게 큰 깨달음을 주기를 아빠, 엄마는 기도한단다. 여기서 멈추면 지금까지 달려온 것이 아무런 의미가 없게 된단다. 인내의 열매가 맺혀지기 전까지는 열매인지 아닌지 알 수 없어. 하지만 열매 맺는 순간까지 참으면 그 열매는 무척 행복함을 준단다. 지금부터 너의 온도가 99℃라고 생각하렴. 이제는 마지막 1℃ 남은 거야. 1℃만 올리면 너의 삶에 엄청난 에너지가 폭발할거야. 넌 꼭 잘될 거야. 사랑한다. 축복한다. 내 아이야.

길은 잃어버려도 사람을 잃지 않는 인생이 가장 많은 것을 남기는 인생이다. 친구의 등을 밟고 남긴 결과에 큰 의미를 두지 말아야 한다. 잠시 환호를 일으키고 사라질 결과가 아니라 어떤 경우라도 끝까지 나를 격려해 줄 수 있는 사람을 남기는 것이 지혜다.

타인은 많이 용서하라. 그러나 자신은 결코 용서하지 말라.

- 푸브릴리우스 -

| 기적을 만드는 말씀 |

아무도 비방하지 말며 다투지 말며 관용하며 범사에 온유함을 모든 사람에게 나타낼 것을 기억하게 하라 - (디도서 3:2)

| 기적을 만드는 기도 |

넓은 마음을 갖기를 원하시는 하나님 아버지, 만약 하나님께서 관용하지 않으셨다면 저는 어떻게 되었을까요? 그러면 이 세상은 단 한 사람도 남아 있지 않은 황량한 세계가 되었을 것입니다. 이 땅이 이렇게 하나님의 창조물로 아름다운 이유는 하나님의 관용 때문임을 고백합니다. 그리고 그 창조물 중에 나 역시 하나님의 관용의 대상이 되어 큰 은혜를 누렸음에 감사드립니다. 나 역시 하나님의 관용을 실천하며 살겠습니다. 하늘보다 크고 바다보다 깊으신 하나님을 찬양합니다. 예수님의 이름으로 기도드립니다. 아멘.

| 기적을 만드는 선포 |

내 사랑하는 아이야, 시험이 다가올수록 마음이 조급해지겠지. 네 마음을 이해한단다. 하지만 이럴 때일수록 하나님의 마음을 닮아 보렴. 깊은 바다는 바윗돌이 떨어져도 아무런 변화가 없단다. 하지만 얕은 냇물에는 작은 돌멩이 하나만 떨어져도 큰 파장이 일지. 아빠, 엄마는 네가 바다보다 깊은 사람이 되기를 위해 기도할 거야. 작은 변화 따위에 이리저리 흔들리는 그런 사람이 아니라 심연의 평정이 넘치는 그런 사람이 되기를 기도할 거야. 넌 꼭 잘될 거야. 사랑한다. 축복한다. 내 아이야.

지혜를 발견하게 하는 성품, 정직

불의한 재물은 심령을 불안하게 하고, 자칫 인생을 망쳐 버린다. 땀으로 만들지 않은 결과는 쉽게 사라진다. 성장촉진제로 자란 식물은 금방 상하는 법이다. 오래 걸려도 바른 길을 가라. 정직이야말로 삶의 지혜이고, 정직으로 산물을 얻어야 평안과 행복을 누릴 수 있다.

한 달 동안 행복해지고 싶다면 말을 사고, 일 년 동안 행복해지고 싶다면 새 집을 지어라. 그러나 평생을 행복하게 지내려면 정직하라.

- 영국 격언 -

| 기적을 만드는 말씀 |

내가 지혜로운 길을 네게 가르쳤으며 정직한 길로 너를 인도하였은즉 다닐 때에 네 걸음이 곤고하지 아니하겠고 달려갈 때에 실족하지 아니하리라 - (잠언 4:11-12)

| 기적을 만드는 기도 |

진실과 공의의 하나님 아버지, 하나님의 진실하심을 닮아가기를 원합니다. 순결하신 성령의 사람이 되기를 소망합니다. 공의의 하나님을 두려워하게 하소서. 불의한 재물보다는 정직한 가난을 선택할 수 있도록 나에게 용기를 더하여 주소서. 정직으로 인도하시는 하나님의 손길을 거부하지 않게 하소서. 정직한 손해가 삶의 지혜임을 의심하지 않도록 나를 주장하여 주소서. 내가 정직한 길을 갈 때 나를 인도하실 것을 믿습니다. 내가 눈을 감고 달릴지라도 실족하지 않도록 지키실 것이라고 믿습니다. 예수님의 이름으로 기도드립니다. 아멘.

| 기적을 만드는 선포 |

내 사랑하는 아이야, 많은 사람들이 불안한 풍요를 얻기 위하여 정직을 포기할 때 너는 차라리 정직한 빈곤을 선택하기를 바란다. 네가 정직을 선택한다면 하나님은 너를 선택할 거야. 물론 정직을 선택하는 것은 상당한 용기가 필요하단다. 손해 보는 것 같고, 잠깐 동안은 뒤처질지도 모르지. 하지만 하나님은 정직을 선택한 너를 반드시 세상 가장 높은 곳에서 가장 빛나게 하실 거라고 믿는다. 무엇보다 네가 가장 행복한 사람으로 세상을 살아가게 하실 거야. 우리는 그 하나님을 믿는다. 넌 꼭 잘될 거야. 사랑한다. 축복한다. 내 아이야.

풍부함을 만드는 성품, 기쁨

똑같은 상황에서도 어떤 사람은 기쁨을 얻고, 어떤 사람은 그렇지 못하다. 기쁨이 수량적이거나 절대적이지 않다는 증거다. 많이 모으면 기쁨을 얻을 것 같겠지만 잠깐 기쁜 후에 더 갈증만 느끼게 된다. 내 영이 기뻐야 진짜 기쁨이다. 내 영이 기뻐야…….

기쁨이 있는 곳에 사람과 사람 사이의 결합이 이루어진다. 사람과 사람 사이의 결합이 있는 곳에 또한 기쁨이 있다.

- 요한 볼프강 폰 괴테 -

| 기적을 만드는 말씀 |

주께서 내 마음에 두신 기쁨은 그들의 곡식과 새 포도주가 풍성할 때보다 더하니이다 - (시편 4:7)

| 기적을 만드는 기도 |

나의 기쁨의 근원이신 하나님 아버지, 지난 몇 달 동안 내 아이의 성적 향상이 내 소원이었습니다. 그래서 불안이 늘 마음 한편에 있었습니다. 오늘 말씀으로 나를 깨우쳐 주시니 감사합니다. 하나님을 기쁨의 근원으로 삼겠다는 고백을 다시 하게 하시니 감사합니다. 하나님이 내 기쁨의 근원 되심이 곡식과 새 포도주의 풍성함과 비교할 수 없음을 고백합니다. 어떤 결과를 얻더라도 하나님이 내 기쁨의 근원되시기에 더 기뻐할 수 있을 것 같습니다. 내 기쁨의 근원이신 하나님, 찬양합니다. 예수님의 이름으로 기도드립니다. 아멘.

| 기적을 만드는 선포 |

내 사랑하는 아이야, 너에게 하나님만이 기쁨의 근원되시기를 기도할게. 네 성적이 잘 나와 그것이 너에게 기쁨이 되기를 간절히 원한단다. 하지만 비록 성적이 우리가 원하는 수준이 되지 못한다고 해도 너의 기쁨이 사라지지 않았으면 좋겠구나. 실망스런 결과를 얻는다 해도 너에게는 하나님이 있잖니? 가장 큰 기쁨의 근원이신 하나님이 계시니까 실망할 필요가 없잖니? 네가 기쁨의 근원이신 하나님만 잃지 않는다면 다른 것은 언제든지 얻을 수 있단다. 하나님을 믿자. 그리고 승리하자. 넌 꼭 잘될 거야. 사랑한다. 축복한다. 내 아이야.

승리로 이끄는 성품, 절제

'**한** 번만 더!'를 외치고 싶을 때 거기서 멈춰야 한다. 내가 다 할 수 있을 것이라는 생각을 버려야 승리할 수 있다. '여기서 멈추겠다.'는 생각으로 여유롭게 한 걸음 물러나면 지금까지 수고로 얻은 모든 것은 나의 주머니에 남아 있게 된다.

절제는 정당하게 주장할 수 있는 것을 하지 않는 용기다.

- 조지 엘리엇 -

| 기적을 만드는 말씀 |

이기기를 다투는 자마다 모든 일에 절제하나니 그들은 썩을 승리자의 관을 얻고자 하되 우리는 썩지 아니할 것을 얻고자 하노라

- (고린도전서 9:25)

| 기적을 만드는 기도 |

나의 승리를 간절히 원하시는 하나님 아버지, 절제가 무엇인지 깨닫게 하셔서 감사합니다. 내 욕망을 누를 수 있는 지혜를 주시니 감사합니다. 절제하는 동안 고통을 이길 수 있는 능력을 주시니 감사합니다. 인간적인 욕심을 성령의 힘으로 이길 수 있게 하시니 감사합니다. 마지막에는 절제를 통해 내게 축복의 선물을 얻게 하실 것을 믿고 감사합니다. 하나님의 원대로 절제 가운데 최후 승리를 거두고 하나님의 영광이 되게 하여 주소서. 예수님의 이름으로 기도드립니다. 아멘.

| 기적을 만드는 선포 |

내 사랑하는 아이야, 그동안 참 잘 참았다. 때로는 다 내려놓고 네 마음 가는 대로 하고 싶을 때가 왜 없었겠니? 하지만 그 유혹을 견디고 여기까지 따라와 주어서 아빠, 엄마는 네가 참 고맙구나. 이기기를 원한다면 절제해야 한다는 하나님의 말씀은 너를 통해서 증명될 거야. 얼마 남지 않은 시험의 결과는 절제를 실천한 너의 몫이란다. 이제 정말 시간이 얼마 남지 않았으니 더욱 정진했으면 하는 마음이 간절하구나. 우리는 너를 믿는다. 너는 내 아이니까. 하나님의 아이니까. 넌 꼭 잘될 거야. 사랑한다. 축복한다. 내 아이야.

구별됨을 통해 만들어지는 성품, 거룩함

내가 거룩함을 사모한다면 그 증거는 내가 얼마나 죄를 미워하고 있는지로 결정된다. 죄와 분리되지 않았다면 거룩과 전혀 상관없이 사는 것이다. 거룩은 절대로 죄와 함께 있지 못하기 때문이다. 죄로부터 구별되고자 하는 노력이 거룩의 성품을 만든다.

거룩은 내 안에 형성된 그리스도다.

- 오스왈드 챔버스 -

| 기적을 만드는 말씀 |

그런즉 사랑하는 자들아 이 약속을 가진 우리는 하나님을 두려워하는 가운데서 거룩함을 온전히 이루어 육과 영의 온갖 더러운 것에서 자신을 깨끗하게 하자 - (고린도후서 7:1)

| 기적을 만드는 기도 |

나도 거룩하니 너희도 거룩하라고 하신 하나님 아버지, 제가 살아가는 이 세상은 죄로 가득합니다. 죄에 대한 경각심이 없으면 나도 모르게 죄에 물들어 버립니다. 나를 거룩함으로 채찍질 하셔서 죄와 구별되신 하나님을 따라 살게 하여 주소서. 죄가 넘치는 이 세상에서 죄와 벗하여 살지 않게 하시고, 죄를 미워하고 죄로부터 구별된 삶이 되게 하소서. 하나님 보시기에, 세상에 나 자신을 내놓기에 부끄러울 것이 없게 하시고, 어디서든지 순결함을 사모하게 하소서. 예수님의 이름으로 기도드립니다. 아멘.

| 기적을 만드는 선포 |

내 사랑하는 아이야, 하나님은 너의 거룩함을 기뻐하신단다. 네가 죄를 떠나고자 할 때 하나님은 너를 즐거워하신단다. 네가 죄를 이기려고 무릎 꿇을 때 하나님은 꺾은 무릎에 복을 주신단다. 네가 순종하기로 작정하고 거룩의 길을 걸을 때 하나님은 네가 가는 길을 형통의 대로로 넓혀 주신단다. 네가 죄를 미워할 때 하나님은 너를 무척 사랑하신단다. 거룩함을 사모하는 네가 자랑스럽구나. 넌 꼭 잘될 거야. 사랑한다. 축복한다. 내 아이야.

사람들은 스스로를 보호하기 위해 돈을 모으고, 권력을 갖추고, 명예를 쌓고, 사람을 모은다. 그런데 돈이나 권력이나 명예나 사람은 어렵게 획득해서 쉽게 잃는 것들이다. 하지만 지혜는 언제든지 나에게 돈을, 권력을, 명예를, 사람을 가져다줄 수 있다.

지혜가 빠져 버린 힘은 그 자체의 무게로 쓰러지고 만다.

- 호라티우스 -

| 기적을 만드는 말씀 |

지혜를 버리지 말라 그가 너를 보호하리라 그를 사랑하라 그가 너를 지키리라 지혜가 제일이니 지혜를 얻으라 네가 얻은 모든 것을 가지고 명철을 얻을 지니라 - (잠언 4:6-7)

| 기적을 만드는 기도 |

경외자에게 지혜를 주시는 하나님 아버지, 저는 하나님만을 경외할 것입니다. 내 마음은 오직 하나님만을 향하기로 작정되고, 작정되었습니다. 세상 그 무엇이 나를 지켜 준다고 유혹해도 나를 지키는 힘은 하나님에게서 나온다는 것을 믿음으로 고백합니다. 흔들리지 않는 믿음으로 주님을 기쁘시게 하기를 원합니다. 세상이 아무리 나를 두렵게 해도 하나님보다 나를 더 두렵게 할 수는 없습니다. 나는 오직 하나님만을 경외하겠습니다. 예수님의 이름으로 기도드립니다. 아멘.

| 기적을 만드는 선포 |

내 사랑하는 아이야, 지혜는 모든 문제를 돌파하게 하는 힘의 근원이고, 그 힘의 근원인 지혜는 여호와를 경외하는 것에서 시작된단다. 네가 지금처럼 하나님만을 경외한다면 시험 문제지를 받았을 때 지혜의 해설서까지 함께 받게 되는 거란다. 얼마나 짜릿한 일이니? 답안지를 가지고 시험을 보는 기분, 이미 알고 있는 문제를 읽고 있는 그 기분을 무엇으로 설명할 수 있을까? 하나님을 경외하는 내 아이야. 하나님은 반드시 너에게 지혜를 주실 거야. 넌 꼭 잘될 거야. 사랑한다. 축복한다. 내 아이야.

D-day
09
Meditation 100 days
to create a miracle-Parents

THANKS ...

Part 14

감사

Meditation 100 days
to create a miracle-Parents

D-day (09~D-day)

나는 감사가 기적을 만드는 첫걸음이라고 믿는다. 내 눈앞에 펼쳐진 것이 어떻든 나는 감사의 첫걸음을 포기하지 않을 거다. 내게 감사의 첫 걸음을 포기하는 것은 하나님이 내게 주신 기적을 내다 버리는 것과 같다. 오늘의 감사가 내일의 기적을 만든다고 믿는다.

인간이 범하는 가장 큰 죄는 감사할 줄 모르는 것이다.

- 세르반 -

| 기적을 만드는 말씀 |

주는 나의 하나님이시라 내가 주께 감사하리이다 주는 나의 하나님이시라 내가 주를 높이리이다 - (시편 118:28)

| 기적을 만드는 기도 |

매 순간 감사로 나오기를 원하시는 하나님 아버지, 돌아보면 다 감사할 일인데 내 한계를 이기지 못해 하나님을 원망했습니다. 연약한 내 믿음은 당장 현실에서 느끼는 피곤함과 부족함을 이겨낼 수 없습니다. 내 지식은 하나님을 의지하면 이긴다고 말하는데 내 깊은 곳에서 하나님에 대한 불신이 연기와 같이 피어오릅니다. 주님, 용서하여 주소서. 내게 더욱 큰 믿음을 주셔서 현재에 감사하고 미래를 소망하게 하소서. 그래서 감사의 승리자가 되게 하소서. 예수님의 이름으로 기도드립니다. 아멘.

| 기적을 만드는 선포 |

내 사랑하는 아이야, 매 순간 하나님께 감사하는 것이 말처럼 쉬운 일은 아니지? 그래도 여기까지 원망하지 않고 하나님을 의지해 온 너를 보니 정말 기특하구나. 하나님도 너를 얼마나 기특하게 생각하실지 참 기대가 된단다. 주어지는 상황과 상관없이 매 순간 하나님께 감사하려는 너의 시도는 하나님의 축복을 불러오는 거룩한 행동이란다. 하나님은 절대 너의 감사를 외면하거나 당연하게 받아들이지 않고 너를 축복의 사람으로 만드실 거야. 넌 꼭 잘될 거야. 사랑한다. 축복한다. 내 아이야.

오늘의 열매로 감사의 내일을 열자. 바라볼 수 없는 중에도 내일을 보자. 아직 보이지 않지만 하나님이 주실 내일을 오늘 이 자리에서 감사하기로 하자. 평생 그렇게 감사하며 살기로 작정하자. 감사의 자리에 서니 내일의 행복이 보인다. 나는 진정 행복자다.

사람이 얼마나 행복한지는 그의 감사의 깊이에 달려 있다.

- 존 밀러 -

| 기적을 만드는 말씀 |

주께서 내게 응답하시고 나의 구원이 되셨으니 내가 주께 감사하리이다 - (시편 118:21)

| 기적을 만드는 기도 |

나를 행복자로 부르신 하나님 아버지, 하나님이 있어 나는 행복자입니다. 주님은 내가 가진 그 어떤 것과도 비교할 수 없는 최고의 선물입니다. 하나님만 생각하면 저는 기쁨을 감출 수 없습니다. 어떤 순간에도 하나님 때문에 오는 기쁨을 다른 것과 바꾸지 않겠습니다. 성령님께서 주님을 향한 내 마음을 다스려 주소서. 내 아이가 나를 볼 때마다 행복한 사람이라는 생각을 하기를 원합니다. 나에게 행복의 의미를 깨닫게 하신 하나님을 찬양합니다. 예수님의 이름으로 기도드립니다. 아멘.

| 기적을 만드는 선포 |

내 사랑하는 아이야, 행복은 성적순이 아니라 하나님과의 친밀감이 얼마나 큰지로 결정되는 거야. 네가 하나님과 친밀하다면 너는 그 자체로 행복자야. 그리고 너와 친하신 하나님은 너를 모든 면에서 행복하게 만드실 거야. 좋은 성적을 얻으면 행복해질 것 같니? 그러면 하나님께 이렇게 기도하렴. "내 친구이신 하나님! 나에게 좋은 성적을 거둘 수 있는 은혜를 주세요." 하나님은 너의 행복을 위해 은총을 주신단다. 넌 꼭 잘될 거야. 사랑한다. 축복한다. 내 아이야.

감사로 가득해져라

부족함을 한탄하면 부족한 대로 머물러 있게 된다. 비어 버린 내 형편을 아쉬워하면 나에게는 늘 아쉬움만 남는다. 어제만 아쉬워하다 보면 오늘도 어제처럼 살 수밖에 없다. 그러나 오늘을 절대 감사로 채워 버리면 내일은 감사의 꺼리로 가득해진다.

무조건 감사하라. 사람들의 마음은 감사에 굶주려있다.

- 부룩스 -

| 기적을 만드는 말씀 |

의인의 아비는 크게 즐거울 것이요 지혜로운 자식을 낳은 자는 그로 말미암아 즐거울 것이니라 네 부모를 즐겁게 하며 너를 낳은 어미를 기쁘게 하라 - (잠언 23:24-25)

| 기적을 만드는 기도 |

존귀한 내 자녀를 통해 기쁨 주신 하나님 아버지, 내 아이의 아빠, 엄마가 된 것을 감사합니다. 하나님이 다른 누군가와 나를 비교하지 않으시고 있는 모습 그대로 나를 받아 주셨던 것처럼 나 역시 다른 누구와도 내 아이를 비교하여 실망하지 않습니다. 잘하든 못하든 내 아이는 하나님이 내게 주신 최고의 선물이며, 존귀하게 하나님이 쓰실 재목임을 믿습니다. 변치 않는 믿음으로 내 아이를 위하여 기도하겠습니다. 속으로라도 믿음 없는 말과 생각은 하지 않겠습니다. 예수님의 이름으로 기도드립니다. 아멘.

| 기적을 만드는 선포 |

내 사랑하는 아이야, 네가 힘차게 울며 세상으로 나왔을 때 너는 내게 천사였단다. 네가 아장아장 첫걸음을 떼었을 때 너는 내게 천사였단다. 네가 처음 나를 불렀을 때 넌 나에게 천사였단다. 네 말썽을 부려 내 속이 새까맣게 타들어 갈 때도 넌 내게 소중한 천사였단다. 다 큰 어른처럼 의연한 말을 들려주었을 때도 너는 내게 무척이나 귀여운 천사였단다. 지금도 너는 하나님께서 내게 보내 주신 사랑스런 천사란다. 넌 꼭 잘될 거야. 사랑한다. 축복한다. 내 아이야.

내 삶에 감사의 언어를 채우면 기적은 상식이 된다. 내 삶에 기적을 상식으로 만들면 하나님의 영광이 드러난다. 별것 아닌 것 같지만 감사의 언어는 상상할 수 없는 기적을 창조한다. 나는 감사언어의 직공이다. 그래서 나는 기적을 창조하는 사람이다.

병에 반만 차 있다고 투덜대지 말고 병 속에 아직 반이나 남아 있는 것을 기뻐하라.

- 인도 격언 -

| 기적을 만드는 말씀 |

내가 주께 감사 하옴은 나를 지으심이 심히 기묘하심이라 주께서 하시는 일이 기이함을 내 영혼이 잘 아나이다 - (시편 139:14)

| 기적을 만드는 기도 |

믿음의 선포를 들으시는 하나님 아버지, 내 입술에 부정의 언어는 사라지게 하시고, 하나님이 얼마나 위대하신지를 선포하게 하소서. 하나님의 능력은 내가 상상할 수 없고, 크기를 잴 수 없음을 고백합니다. 하나님을 향한 내 믿음을 든든한 반석 위에 세우시고 어떤 상황에서도 흔들리지 않게 하소서. 나에게 하나님의 기이함을 발견하게 하시고, 하나님을 찬양하게 하소서. 하나님은 내 힘이십니다. 예수님의 이름으로 기도드립니다. 아멘.

| 기적을 만드는 선포 |

내 사랑하는 아이야, 이제부터는 절대 부정의 언어를 써서는 안 된단다. 지금은 대단히 중요한 시기란다. 작은 차이가 결과를 바꾸는 거야. 네가 부정적인 생각, 언어, 행동을 버리고 감사로 네 긍정을 드러내면 하나님은 그것을 믿음으로 보시고 너를 온전한 길로 이끌어 가실 거야. 하나님이 가리키시는 길을 보면서 부정적인 생각을 한다면 하나님의 은혜를 얻을 수 없어. 넌 잘할 수 있을 거야. 아빠, 엄마는 너를 한없이 믿는다. 넌 꼭 잘될 거야. 사랑한다. 축복한다. 내 아이야.

감사의 터닝 포인트

행동을 바꾸는 것은 생각이다. 부정적인 생각은 부정적인 행동을 하게 하고, 부정적인 행동은 부정적인 결과를 가져올 뿐이다. 부정의 생각을 떠나야 한다. 감사로 생각의 터닝 포인트를 만들면 감사의 행동을 하게 되고, 감사의 행동은 감사할 결과를 가져온다.

think? thank! 생각한다는 것은 감사한다는 것이다.

- 마르틴 하이데거 -

| 기적을 만드는 말씀 |

또 무엇을 하든지 말에나 일에나 다 주 예수의 이름으로 하고 그를 힘입어 하나님 아버지께 감사하라 - (골로새서 3:17)

| 기적을 만드는 기도 |

내 모든 생각까지 다스리시는 하나님 아버지, 오늘 하루도 나의 생각을 완전히 주장하여 주소서. 절대 부정적인 생각을 하지 않게 하시고, 오직 감사, 절대 감사로 하나님의 하실 일을 기대하게 하소서. 마귀가 내 생각의 틈을 파고 들 때 성령으로 대적하게 하소서. 순간순간 하나님만을 생각하고 감사의 고백을 하게 하소서. 예수님의 이름으로 기도드립니다. 아멘.

| 기적을 만드는 선포 |

내 사랑하는 아이야, 생각은 말을 바꾸고 말은 행동을 바꾸고 행동은 결과를 바꾼단다. 네가 무엇이든 감사하기로 결정하면 네 눈에 보이는 모든 것을 축복의 도구로 만들 수 있단다. 그리고 네가 가장 잘하는 것이 무엇인지를 알게 되는 거야. 부정을 벗어나 긍정으로 향하는 터닝 포인트를 발견하도록 아빠, 엄마는 기도할 거야. 넌 꼭 잘될 거야. 사랑한다. 축복한다. 내 아이야.

나는 어떤 값을 치러도 얻을 수 없는 것을 선물로 받았다. 내가 받은 선물은 갚을 수 있는 것이 아니다. 갚을 수 없기에 더욱 감사할 뿐이다. 그 은혜를 잊지 않기 위해 날마다 감사의 제단으로 가야 한다. 나의 감사가 순간의 환희와 같은 값싼 감사가 되지 않도록 해야 한다.

감사는 가장 위대한 품성일 뿐 아니라 다른 모든 성품의 어버이다.

- 키에르케고르 -

| 기적을 만드는 말씀 |

주께서 사랑하시는 형제들아 우리가 항상 너희에 관하여 마땅히 하나님께 감사할 것은 하나님이 처음부터 너희를 택하사 성령의 거룩하게 하심과 진리를 믿음으로 구원을 받게 하심이니

- (데살로니가후서 2:13)

기적을 만드는 기도

가장 값진 보물을 내게 주신 하나님 아버지, 이 세상 그 무엇과도 비교할 수 없는 보물, 나의 예수님을 구세주로 허락하시니 감사합니다. 감히 하나님의 집에 하인으로 머물기에도 부족한 나에게 구원의 은혜를 주시고, 자녀의 감격으로 살게 하시니 감사합니다. 하나님은 나의 가장 귀한 보물입니다. 예수님은 그 무엇과도 바꿀 수 없는 존귀함입니다. 성령님은 언제나 나와 동행하시는 내 좋은 친구입니다. 내게 가장 귀한 보물이 있어 행복합니다. 내 보물 되신 하나님, 찬양합니다. 예수님의 이름으로 기도드립니다. 아멘.

기적을 만드는 선포

내 사랑하는 아이야, 너는 지금 어떤 선물을 받으면 가장 행복할까? 그래. 이번 시험에서 좋은 성적을 받는 것도 괜찮겠지. 그리고 넌 꼭 그렇게 될 거야. 너는 하나님이 주시는 구원을 받은 하나님의 사람이니까 이번 시험에서도 하나님의 사랑을 받을 게 분명해. 하지만 혹시 시험 점수가 네 마음에 들지 않아도 너는 그 누구보다 최고의 선물을 이미 받은 사람이라는 사실을 잊지 말렴. 구원의 감격으로 감사하렴. 하나님은 내 최고의 선물이라고……. 넌 꼭 잘될 거야. 사랑한다. 축복한다. 내 아이야.

감사가 성공의 키워드다

성공하는 사람의 공통점은 감사로 그 얼굴이 환하다는 것이다. 부정으로 어두워진 사람 중에 인생을 성공으로 이끌었던 사람은 없다. 실패의 골짜기에서도 성공하는 사람의 눈은 항상 펼쳐진 푸른 하늘을 본다. 자! 모든 일에 감사로 반응하자.

감사는 벽에다 던지는 공처럼 언제나 자기 자신에게로 돌아온다.

- 이어령 -

| 기적을 만드는 말씀 |

범사에 감사하라 이것이 그리스도 예수 안에서 너희를 향하신 하나님의 뜻이니라 - (데살로니가전서 5:18)

| 기적을 만드는 기도 |

감사하는 나를 성공으로 인도하시는 하나님 아버지, 감사하는 자에게는 상상할 수 없는 하나님의 은총을 예비하셨음을 저는 믿습니다. 저는 결정했습니다. 범사에, 무슨 일을 만나도, 내게 어떤 일이 닥쳐와도 감사하기로 결정했습니다. 그러면 참혹한 현실도 감사의 조건으로 변하게 되는 줄 믿습니다. 하나님은 절대 내가 실패하기를 원치 않으시는 분인 줄 압니다. 하나님은 내가 성공의 사다리를 오르기를 원하시죠. 하나님을 알기에, 하나님을 믿기에 저는 두려워하지 않습니다. 내 주님, 감사합니다. 예수님의 이름으로 기도드립니다. 아멘.

| 기적을 만드는 선포 |

내 사랑하는 아이야, 너는 감사로 성공할 사람이야. 너는 감사로 형통의 대로를 열어갈 사람이야. 너는 하나님의 사랑을 받기에 충분한 사람이야. 너는 분명히 기적의 주인공이 될 거야. 세상은 너 때문에 깜짝 놀라게 될 거야. 감사하는 너를 보며 하나님은 모든 일에 도움의 손길을 내미실 거야. 사람들은 감사의 사람, 성공의 키워드가 무엇인지 아는 너와 함께 축복의 산물을 나누게 될 거야. 너는 축복의 사람이야. 넌 꼭 잘될 거야. 사랑한다. 축복한다. 내 아이야.

감사로 하나님을 영화롭게 하라

감사는 저절로 되는 것이 아니다. 감사는 의지의 결과이고, 습관이다. 그렇게 감사가 습관이 되면 하나님에게서 나오는 부, 명예, 형통 그 모든 것은 나를 통해 흘러간다. 내가 감사로 오늘을 살면 영광을 받으시는 하나님의 내일이 열린다.

하루 한 번 감사하는 습관은 부가 당신에게 흘러갈 통로로 작용한다.

- 월러스 위틀스 -

| 기적을 만드는 말씀 |

감사로 제사를 드리는 자가 나를 영화롭게 하나니 그의 행위를 옳게 하는 자에게 내가 하나님의 구원을 보이리라 - (시편 50:23)

| 기적을 만드는 기도 |

내게 가장 큰 기쁨이신 하나님 아버지, 저는 하나님을 영화롭게 하기를 원합니다. 하나님이 저로 인해 기쁨을 이기지 못하게 되기를 소원합니다. 감사의 제사로 하나님의 마음을 흡족하게 하는 자녀가 되고 싶습니다. 나를 찾아오는 환경이 아무리 나를 위협해도 나는 하나님 한 분만으로 만족합니다. 그리고 감사합니다. 하나님이 내 하나님이신 것을 감사합니다. 하나님을 영화롭게 하는 저로 인해 기뻐하십시오. 저로 즐거워하시는 하나님을 소원합니다. 그리고 제게 하나님의 구원의 은혜를 보이소서. 예수님의 이름으로 기도드립니다. 아멘.

| 기적을 만드는 선포 |

내 사랑하는 아이야, 하나님을 영화롭게 할 준비 다 되었니? 네가 가진 모든 것으로 하나님의 기쁨이 되었으면 좋겠구나. 네가 하나님께 올려드리는 감사의 제사로 하나님이 영화롭게 되었으면 좋겠구나. 시험을 준비하는 기간뿐 아니라 결과까지도 하나님의 영화로우심을 드러내는 기회가 되기를 기도한단다. 앞일에 대하여 너무 걱정하지 말렴. 하나님은 감사의 제사를 드리는 너를 통해 영화롭게 되시며, 너 또한 영화롭게 만드실 거란다. 넌 꼭 잘될 거야. 사랑한다. 축복한다. 내 아이야.

감사는 아름다운 내일을 연다. 내게는 멋진 내일이 예비되어 있다. 왠지 그냥 신난다. 감사가 넘친다. 내게 하나님이 행하실 일을 생각하면 전율이 내 몸을 휘감는다. 무척 기대가 된다. 감사로 오늘을 열어 보자. 오늘은 감사의 강물이 터지는 날이다.

감사함으로 세상은 더욱 아름다워진다.

- 레오 버스카글리아 -

| 기적을 만드는 말씀 |

눈물을 흘리며 씨를 뿌리는 자는 기쁨으로 거두리로다 울며 씨를 뿌리러 나가는 자는 반드시 기쁨으로 그 곡식 단을 가지고 돌아오리로다 - (시편 126:5-6)

| 기적을 만드는 기도 |

감사하는 사람에게 더 큰 감사를 주시는 하나님 아버지, 나의 입술에 감사를 담아 주소서. 나의 심령에 감사가 흘러 넘치게 하소서. 넘쳐흐르는 감사가 나를 적시고, 내 주변을 적셔 감사의 강이 흐르게 하소서. 감사하는 사람에게 더 큰 감사의 제목을 주시는 하나님을 확신합니다. 비록 지금은 고통의 눈물을 흘려야 하는 순간이라 할지라도 거기서 감사하는 자에게 감사할 일들을 주시는 하나님을 믿습니다. 더 감사하겠습니다. 저의 감사를 받으소서. 예수님의 이름으로 기도드립니다. 아멘.

| 기적을 만드는 선포 |

내 사랑하는 아이야, 많이 힘들지? 이제 정말 시간이 다 되었구나. 그동안 눈물로 뿌린 씨앗이 이제 영글어 거둘 날만 남았지? 좋은 것으로 주실 거라고 아빠, 엄마는 믿는단다. 하나님은 절대 우리의 눈물을 외면하는 분이 아니시잖니? 네가 눈물로 뿌린 씨앗은 이미 잘 여물어 네가 거두어 가기만 기다리고 있는 거야. 그날이 바로 내일이 될 거라고 아빠, 엄마는 확신한단다. 미리 감사하자. 좋은 열매로 우리를 기쁘게 해 주실 거라고 믿고 지금부터 감사하자. 넌 꼭 잘될 거야. 사랑한다. 축복한다. 내 아이야.

오늘은 내 생애 최고의 날이 될 것이다. 하나님의 영광이 내게 임했고, 나는 반드시 기적의 주인공이 될 것이다. 날이 저물 때 나는 단을 가지고 돌아오는 추수하는 자의 기쁨을 마음껏 누릴 것이다. 하나님이 내게 행하실 일을 상상하니 하루의 시작이 행복하다.

오늘 유난히 눈부시고 파란 하늘을 보게 해주셔서 감사합니다.

- 오프라 윈프리 -

| 기적을 만드는 말씀 |

일어나라 빛을 발하라 이는 네 빛이 이르렀고 여호와의 영광이 네 위에 임하였음이니라 - (이사야 60:1)

| 기적을 만드는 기도 |

기적을 만드는 하나님 아버지, 오늘까지 내 아이를 지켜 주셔서 감사드립니다. 시험을 준비하는 동안 찾아오는 위기 앞에서 내 아이가 넘어지지 않고 이렇게 복된 날을 맞이할 수 있는 것은 모두 하나님의 크신 은혜임을 고백합니다. 그 은혜를 순간순간 내 아이에게 비춰 주실 줄 믿습니다. 모든 시험을 마치고 돌아올 때 기쁨의 노래를 부르며 돌아오게 하실 줄 믿습니다. 믿음대로 역사하실 하나님을 찬양합니다. 예수님의 이름으로 기도드립니다. 아멘.

| 기적을 만드는 선포 |

내 사랑하는 아이야, 오늘 날씨가 참 좋구나. 하나님이 너를 위해 최고의 날씨를 주셨어. 너는 오늘 기적의 주인공이 되는 거야. 오늘은 지금까지 노력한 너의 수고가 하나님의 은혜를 만나는 날이야. 아빠, 엄마는 믿는다. 네가 큰일을 행할 것이고, 반드시 승리를 거둘 것이라는 것을 확신해. 사랑하는 내 아이야. 정말 수고했다고, 정말 너를 사랑한다고, 너를 위해 형통의 대로가 열렸다고 말해 주고 싶어. 넌 꼭 잘될 거야. 사랑한다. 축복한다. 내 아이야.

기적을 만드는 100일 부모

초판 1쇄 발행 2011.7.11

지은이　조성의
펴낸이　방주석
책임편집　방미예
영업책임　곽기태
디자인　전찬우

펴낸곳　베드로서원
주소　(우)110-740 서울 종로구 연지동 136-56 기독교연합회관 1309호
전화　02)333-7316　ㅣ 팩스　02)333-7317
이메일　peterhouse@paran.com
홈페이지　www.peterhouse.co.kr

출판등록　2010년 1월 18일(제59호) / 창립일(1988년 6월 3일)
ISBN　978-89-7419-296-9 03230
책값　뒤표지에 있습니다.

베드로서원은 말씀과 성령 안에서 기도로 시작하며
영혼이 풍요로워지는 책을 만드는 데 힘쓰고 있으며,
문서선교 사역의 현장에서 세계화의 비전을 넓혀가겠습니다.

나의 힘이신 여호와여 내가 주를 사랑하나이다(시 18:1)